Arnoldo Hax • Nicolás Majluf

Lecciones en
ESTRATEGIA

Hacia una gestión de excelencia

Ediciones UC

Arnoldo Hax • Nicolás Majluf

Lecciones en
ESTRATEGIA

Hacia una **gestión** de **excelencia**

EDICIONES UNIVERSIDAD CATÓLICA DE CHILE
Vicerrectoría de Comunicaciones y Educación Continua
Alameda 390, Santiago, Chile

editorialedicionesuc@uc.cl
www.ediciones.uc.cl

LECCIONES EN ESTRATEGIA.
HACIA UNA GESTIÓN DE EXCELENCIA

Arnoldo Hax
Nicolás Majluf

© Inscripción Nº 245.853
Derechos reservados
2014
ISBN Nº 978-956-14-1469-3

Primera Edición

Diseño:
versión | producciones gráficas ltda.

Impresor:
Salesianos Impresores S.A.

CIP-Pontificia Universidad Católica de Chile

Hax C., Arnoldo
Lecciones en estrategia / Arnoldo Hax, Nicolás Majluf.

1.   Planificación estratégica.
2.   Planificación empresarial.
3.   Majluf S., Nicolás, 1945-.

2014   658.4012+DDC23   RCAA2

Arnoldo Hax • Nicolás Majluf

Lecciones en
ESTRATEGIA

Hacia una **gestión** de **excelencia**

EDICIONES UC

*"A nuestras queridas señoras Neva y Lichy,
y a nuestras familias, hijos y nietos
que son la fuente de nuestra alegría".*

Índice

Prólogo

Han pasado más de treinta años desde que comenzara nuestra colaboración académica en temas de gestión y estrategia. Arnoldo ya era profesor de MIT desde 1972 cuando Nicolás llegó a hacer su PhD en Management en esa institución, en el año 1975.

Nuestro trabajo conjunto partió con algunos artículos sobre el proceso de planificación[1], diseño de organizaciones[2], y temas de gestión de operaciones[3], que era el foco de Arnoldo en esa época.

Pero fue en 1981 cuando emprendimos la tarea de escribir un texto que aportase una visión integral de la estrategia, desde las herramientas que se habían popularizado en esa época (como las matrices de planificación) hasta una metodología para llevar adelante un proceso estructurado de planificación en los distintos niveles de la empresa. Nos esforzamos por darle contenido al concepto de Gestión Estratégica, que trata de imbuir a toda la organización del sentido de dirección que se deriva de la estrategia. Esto significa hacer gestión en el día a día, pero con un sentido de largo plazo, puesto que el estudio de la estrategia aislada de la estructura, de los procesos de gestión y de la cultura de la empresa conducía a

---

[1]   Hax, Arnoldo C. y Majluf, Nicolás S., "A Methodological Approach for the Development of Strategic Planning in Diversified Corporations", published A. Hax (Ed.) *Studies in Operations Management*, North-Holland, 1978, Cap. 2.
Hax, Arnoldo C. y Majluf, Nicolás S., "Toward the Formalization of Strategic Planning: A Conceptual Framework", *Applications of Management Science*, Vol. 1, N° 1, pp. 213-245.

[2]   Hax, Arnoldo C. y Majluf, Nicolás S., "Organizational Design: A Survey and an Approach", Feature article in *Operations Research*, 20 (3), pp. 417-447.
Hax, Arnoldo C. y Majluf, Nicolás S., "Organization Design", published in Paul Mali (Ed.) *Management Handbook*, John Wiley and Sons, New York, 1981, Cap. 5, pp. 75-105.

[3]   Hax, Arnoldo C., Majluf, Nicolás S., Pendrock, Mark, "Diagnostic Analysis of a Production and Distribution System", *Management Science*, Vol. 26, N° 9, 1980, pp. 871-889.

resultados que no tenían sentido: llevaban a definir como estrategia un sueño que no podía implementarse.

En 1984 finalmente publicamos el libro "Strategic Management: An Integrative Perspective", con Prentice Hall, y en el proceso reprodujimos en la forma de artículos varios de los capítulos de este texto[4], el que fue traducido al alemán[5] y al italiano[6].

---

[4]   Hax, Arnoldo y Majluf, Nicolás S., "The Corporate Strategic Planning Process", *Interfaces*, 14 (N° 1), 1984, pp. 47-60.
Hax, Arnoldo y Majluf Nicolás, "Competitive cost Dynamics: The Experience Curve", published in Hax, A. (Ed.), *Readings on Strategic Management*, Ballinger, 1984, Chapter 5, pp. 49-60.
Hax, Arnoldo C. y Majluf, Nicolás S., "The Use of the Growth-Share Matrix on Strategic Planning", published in Hax, A. (Ed.), *Readings on Strategic Management*, Ballinger, 1984, Chapter 6, pp. 61-75.
Hax, Arnoldo C. y Majluf, Nicolás S., "The Use of the Industry Attractiveness-Business Strength Matrix in Strategic Planning", published in Hax, A. (Ed.), *Readings on Strategic Management*, Ballinger, 1984, Chapter 7, pp. 77-94.
Hax, Arnoldo C. y Majluf, Nicolás S., "The Corporate Strategic Planning Process" published in Hax, A. (Ed.), *Readings on Strategic Management*, Ballinger, 1984, Chapter 8, pp. 95-108.
Hax, Arnoldo C. y Majluf, Nicolás S., "La Courbe d'Experience", *Harvard L'Expansion* N° 31, Winter 1983-1984.
Hax, Arnoldo C. y Majluf, Nicolás S., "Le Planning-Strategice apres le BCG", *Harvard L'Expansion*, N° 32, Spring 1984.
Hax, Arnoldo C. y Majluf, Nicolás S., "The Life-Cycle Approach to Planning", Working Paper N° 1493/83, Sloan School of Management.
Hax, Arnoldo C. y Majluf, Nicolás S., "Organization Design: A Case Study on Matching Strategy and Structure", *The Journal of Business Strategy*, Vol. 4, N° 2, 1983, pp. 72-86.
Hax, Arnoldo C. y Majluf, Nicolás S., "The Use of the Industry Attractiveness - Business Strengh Matrix in Strategic Planning", *Interfaces*, 13 (2), 1983, pp. 54-71.
Hax, Arnoldo C. y Majluf, Nicolás S., "The Use of the Growth-Share Matrix in Strategic Planning", *Interfaces*, 13 (1), pp. 46-60.
Hax, Arnoldo C. y Majluf, Nicolás S., "Competitive Cost Dynamics: The Experience Curve", *Interfaces*, 12 (5), pp. 50-61.
Hax, Arnoldo, and Nicolás Majluf, "Competitive Cost Dynamics: The Experience Curve", Chapter 3 in Robert G. Dyson (Ed.), *Strategic Planning: Models and Analytical Techniques*, John Wiley & Sons, Chichester, England, 1990.
Hax, Arnoldo, and Nicolás Majluf, "The Use of the Growth-Share Matrix in Strategic Planning", Chapter 4 in Robert G. Dyson (Ed.), *Strategic Planning: Models and Analytical Techniques*, John Wiley & Sons, Chichester, England, 1990.
Hax, Arnoldo, and Nicolás Majluf, "The Use of the Industry Attractiveness - Business Strength Matrix in Strategic Planning", Chapter 5 in Robert G. Dyson (Ed.), *Strategic Planning: Models and Analytical Techniques*, John Wiley & Sons, Chichester, England, 1990.

[5]   Hax, Arnoldo C. y Nicolás S. Majluf, *Strategisches Management: Ein Integratives Konzept aus dem MIT*, Campus Verlag, Frankfurt, 1988.

[6]   Hax, Arnoldo C. y Nicolás S. Majluf, *Direzione Strategica (Strategic Management)*, IPSOA, Scuola d'Impresa, Roma, 1987.

Pocos años después, nuestra comprensión del tema de estrategia se fue ampliando, primero por la investigación y enseñanza de estos temas, pero también muy principalmente por los numerosos trabajos de aplicación de las metodologías que habíamos desarrollado en varias empresas e instituciones de la más diversa índole. Decidimos embarcarnos en un nuevo libro, en el que hicimos una distinción central entre el concepto y el proceso de estrategia. Planteamos que importa no solo lo que la empresa quiere hacer, sino también cómo llega a la definición de su estrategia. Y la otra distinción relevante fue entre la estrategia corporativa (de la empresa como un todo), la de negocios y la funcional, que no responden a unidades jerárquicas en la organización, sino a puntos de vista o focos donde debe centrarse la atención de lo que se considera importante abordar cuando se formula una estrategia integral para la empresa.

En 1991 publicamos el libro "The Strategy Concept and Process: A Pragmatic Approach", con Prentice Hall. Como la vez anterior, surgieron varios artículos de este libro[7], algunos en alemán[8], y traducciones de la obra en italiano[9] y castellano[10].

No pasó mucho tiempo y quisimos avanzar a la segunda edición de este libro, pues teníamos una gran cantidad de material nuevo que agregar. Las aplicaciones del modelo de formulación de la estrategia en contextos académicos y de consultoría arrojaban nuevas intuiciones sobre cómo estructurar el trabajo. En 1996 hicimos una segunda edición, que en verdad fue un nuevo texto: Hax, Arnoldo, and Nicolás Majluf, "The Strategy Concept and Process: A Pragmatic Approach", 2nd Ed, Prentice Hall. Fue traducido al castellano y publicado en Argentina y Chile[11].

---

[7] Hax, Arnoldo, and Nicolás Majluf, "Corporate Strategic Tasks", *European Management Journal*, Vol. 12, pp. 366-381. Dic. 1994.
Hax, Arnoldo C. y Nicolás S. Majluf, "The Concept of Strategy and the Strategy Formation Process", *Interfaces*, 18 (3), 1988, 99-109.
Hax, Arnoldo C. y Nicolás S. Majluf, "Corporate Planning: A Rich Communication Device", *Chemtech*, 17 (9), 1987, 532-537.
Hax, Arnoldo, and Nicolás Majluf, *Strategic Management: An Integrative Perspective*, Publicación de la Universidad de Jerusalén, 1989.

[8] Hax, Arnoldo, and Nicolás Majluf, "Strategic Management Concepts", Rolf Eschenbach, Herman Kunesch (Eds.), *Strategische Konzepte. Management* - Ansätze Von Ansoff Bis Ulrich, Schäffer-Poeschel, pp. 85-96, 1994.
Hax, A. y Majluf, N., "Corporate Strategic Planning Process", Rolf Eschenbach and Herman Kunesch (Eds.), *Strategische Konzepte: Management* - Ansätze Von Ansoff Bis Ulrich, Schäffer-Poeschel, pp.134 - 148, 1996.

[9] Hax, Arnoldo, y Nicolás Majluf, *La Gestione Strategica Dell'Empresa*, Edizioni Scientifiche Italiane, Napoli, Italia, 1991.

[10] Hax Arnoldo, Nicolás Majluf, *Gestión de la Empresa con una Visión Estratégica*, Ediciones Pedagógicas Chilenas, 1993.

[11] Hax Arnoldo, Majluf Nicolás, *Estrategias para el Liderazgo Competitivo, de la visión a los resultados*, Ediciones Gránica S.A. Buenos Aires, Argentina, 1997, pp. 536.

En el ínterin, a partir de 1989 habíamos comenzado un periplo que iba a durar dieciocho años consecutivos (y que tendría posteriormente dos versiones adicionales). Todos los meses de enero realizábamos en Santiago de Chile un seminario internacional en el que Arnoldo y sus invitados exponían los últimos desarrollos de gestión. En estos seminarios, a Arnoldo le correspondió fundamentalmente exponer sobre su investigación y práctica en el tema de estrategia. Fue por esta época cuando comenzó a desarrollar con Dean Wilde su primer libro sobre el modelo Delta, que fue publicado por Palgrave Macmillan en 2001: "The Delta Project: Discovering New Sources of Profitability in a Networked Economy".

En esta aproximación a la estrategia, el foco de atención se traslada a la fortaleza del vínculo con el cliente y la primera pregunta que debe hacerse en un proceso de planificación es "quién es el cliente y cuál es la propuesta de valor que la empresa le hace". Este libro fue traducido al castellano por Nicolás[12].

Posteriormente, Arnoldo presenta en un nuevo libro: "The Delta Model: Reinventing your Business Strategy", publicado en 2011 por Springer[13], los avances en su comprensión de esta nueva forma de mirar la estrategia, la cual enfatiza tres conceptos centrales: (1) El triángulo, que plantea una ampliación relevante de las alternativas de posicionamiento estratégico, las formas de segmentar a los clientes y las maneras de plantear la propuesta de valor; (2) La empresa extendida, indicando que lo que importa en estrategia es la constelación de organizaciones que se relacionan entre sí para atender las necesidades y demandas del cliente, y (3) La conceptualización de la empresa como un portfolio de competencias, que le permite operacionalizar el concepto de "competencias centrales", que aún goza de gran popularidad en el mundo de la estrategia, y deja de mirar a los competidores como fuente de comparación de lo que la empresa hace bien y mal.

Nuestro trabajo en las vertientes de lo académico y lo profesional nos ha permitido refinar a lo largo de estos años nuestro pensamiento en estrategia, y nos hemos esforzado para perfeccionar nuestros conceptos y desarrollar metodologías que ayuden a disciplinar y agregarle rigor al pensamiento estratégico.

De todas estas experiencias hemos aprendido bastante, pero ya se habrán dado cuenta en esta breve historia que no importa todo lo avanzado, puesto que siempre es mucho más lo que queda por aprender todavía.

Hax Arnoldo, Majluf Nicolás, *Estrategias para el Liderazgo Competitivo, de la visión a los resultados*, Ediciones Dolmen S.A. Santiago Chile. 1997, pp. 536.

[12]   El libro fue publicado por Editorial Norma en 2003.

[13]   Fue traducido al castellano en Chile por la editorial de la Universidad Diego Portales el año 2013.

Hemos querido, en consecuencia, emprender esta aventura de escribir un nuevo texto, pues han pasado más de treinta años desde que empezamos a estudiar y a reflexionar respecto del tema de estrategia. Son muchas las jornadas de trabajo, los artículos que leímos, los libros que escribimos, las empresas nacionales y extranjeras a las que ayudamos, y las instituciones sin fines de lucro a las que pudimos acompañar, principalmente el MIT y la Universidad Católica de Chile (también otras universidades, clubes deportivos e incluso la Iglesia Metodista de Austin Texas). A lo anterior se debe agregar que también nos ha correspondido asumir diversas responsabilidades en el ámbito de la administración.

En este breve texto no vamos a referirnos a lo que está de moda, sino a mirar retrospectivamente el camino recorrido y a hacer nuestro mejor esfuerzo para distinguir lo esencial de lo accesorio en este vasto mundo de la estrategia. Nuestra intención es realizar una recapitulación de las grandes enseñanzas que consideramos centrales para la formulación e implementación de la estrategia. Hacemos esto con gran humildad, a pesar de que puede parecer un poco pretencioso mostrar el resultado de este esfuerzo en la forma de "lecciones de estrategia". No hay nada mágico en la lista de temas que hemos seleccionado y es seguro que otros autores van a llegar a una lista distinta, porque no importa la nómina que se confeccione, ella siempre va a ser arbitraria y discutible. Pero este esfuerzo representa para nosotros un desafío intelectual y una oportunidad de profundizar nuestra comprensión y aprendizaje en el tema de estrategia y, si tenemos éxito, ser capaces de comunicar una experiencia que puede ser aprovechada por ejecutivos de instituciones y empresas, y estudiosos de los temas de gestión, en especial profesores y alumnos.

El sustento de las diez lecciones que hemos seleccionado

Al iniciar este texto, hemos recordado con mucho afecto a nuestro querido amigo William (Bill) Pounds, quien fuera decano de la Sloan School of Management de MIT entre 1966 y 1980. Cuando emprendíamos la redacción de los primeros libros de estrategia, él nos desafiaba a que le explicáramos por qué nuestra propuesta de proceso era una manera superior de hacer estrategia. Nos preguntaba por la evidencia que permitiría anticipar que la aplicación de nuestra metodología (o cualquier otra formalización del proceso de formulación de la estrategia) produciría algún beneficio tangible para la empresa. El comentario que le hacía a Arnoldo era más o menos el siguiente:

> *"Aplaudo la profundidad con que estás tratando este tema, pero me pregunto qué atisbo de fundamentación tienes tú para aconsejar a las empresas que adopten este sistema de planificación formal. ¿Tienes alguna evidencia que permita apoyar las recomendaciones que estás haciendo y el trabajo al que estás entregado como profesor y consultor en este tema?".*

En la academia esta es una pregunta no solo válida, sino central. Es la manera de avanzar en el conocimiento. Y la postura intelectual de Bill era desafiar continuamente los proyectos y en general el quehacer de cada persona no con un propósito destructivo, sino más bien para hacer surgir una respuesta que permitiera dar un fundamento claro a cualesquiera que fueran las tareas con las cuales una persona estaba comprometida.

Hoy, después de mucha reflexión y práctica, tenemos que decir con mucha humildad que no tenemos una evidencia concluyente para responder por la eficacia de nuestras propuestas de formulación e implementación de la estrategia, pero sin duda las podemos respaldar con mayor seguridad, a la luz de la evidencia empírica que significa haber aplicado exitosamente estos modelos en decenas de instituciones y empresas, y haber ido refinando cada vez más esta propuesta metodológica.

No obstante lo anterior, no es esta una prueba científica de la validez y relevancia de las diez lecciones de estrategia que hemos seleccionado para este libro. Pero ha crecido nuestra convicción de los beneficios que se derivan de la planificación formal de la estrategia.

Por ello queremos compartir estas diez lecciones, pues son como "nuestros diez mandamientos" en este tema, y si bien no les asignamos una validez universal (no son los diez mandamientos), son para nosotros experiencias centrales y de enorme significado sobre lo que significa hacer una gestión superior con sentido de futuro.

Introducción

Hemos seleccionado para este libro, que resume lo que consideramos esencial en estrategia, diez lecciones que proponen miradas nuevas de la actividad empresarial y constituyen, en nuestra experiencia, una forma efectiva de desafiar el *statu quo*, lo que sin duda es el punto de partida de la generación de una buena estrategia.

Las diez lecciones son:

1. La centralidad del Proceso de Planificación Estratégica.
2. La Empresa Extendida: Los actores relevantes.
3. La definición de las competencias: La falacia de las FODAS.
4. La Misión: Comunicación de los cambios y sus desafíos.
5. La Gestión Estratégica: El alineamiento entre estrategia, estructura, procesos y desempeño.
6. El *front-end* y el *back-end*: Nuevos desafíos en el alineamiento de estrategia y estructura.
7. La importancia del Banco de Datos de Clientes: No juegues el partido a ciegas.
8. Los incentivos: Promoviendo una conducta alineada con la estrategia.
9. La clave del éxito: La conducción del Presidente Ejecutivo.
10. La centralidad del cambio en estrategia y la importancia de la experimentación.

Ya decíamos en el prólogo que no pretendemos agotar con estas lecciones todo lo relevante en Gestión Estratégica. Lo que buscamos es comunicar una conceptualización metodológica del proceso de formulación e implementación de la estrategia que tenga valor tanto por el contenido de las ideas que exponemos como por su aplicabilidad en organizaciones y empresas. Por ello ilustramos las lecciones con ejemplos y viñetas tomadas de casos reales.

Por cierto que estas lecciones tienen el sesgo de nuestra trayectoria en el mundo de la gestión, y no podría ser de otra manera. Esto es lo que le da valor, en la medida que nuestros conocimientos y experiencias tengan relevancia, y simultáneamente limita su validez, porque las lecciones se basan en una visión restringida del tema.

No queremos terminar esta introducción sin hacer una digresión, al menos, sobre el tema del entorno en que la empresa debe formular su estrategia. En la FIGURA I-1 se representa esquemáticamente el entorno relevante de la empresa.

FIGURA I.1
El entorno relevante de la empresa

En este libro hemos restringido el entorno relevante a la Empresa Extendida, y no nos referimos explícitamente al macroentorno político, económico, social, legal, cultural, ecológico, valórico y ético, lo que no implica que no sea central en la estrategia. Muy por el contrario, es tan relevante que debe permear todo el proceso de planificación, pero, en lo que toca a las diez lecciones incluidas en este libro, corresponde al Presidente Ejecutivo y a los otros miembros participantes en este proceso contribuir con su sensibilidad respecto de las exigencias, oportunidades y riesgos del entorno, para lo cual necesitan apoyarse en analistas internos y externos que provean esta información.

Por ejemplo, la empresa debe cumplir su función económica, pero al mismo tiempo comprender su responsabilidad de orden social y, por consiguiente, tiene que ser respetuosa de las implicancias que la búsqueda de utilidades puede producir en la totalidad o un sector de la sociedad, y modificar aquellas acciones que tengan consecuencias inaceptables en un contexto social. El bien común y la salud ecológica del planeta son también parte de su responsabilidad.

Esta es una realidad que hoy no se puede ignorar, porque no se puede evitar. Las presiones sobre la empresa vienen de todos los ámbitos. El gobierno impone nuevas y mayores exigencias, porque la sociedad tolera menos los impactos negativos de la empresa sobre su calidad de vida; y los clientes en este mundo de las redes sociales se han organizado y han adquirido un poder que hasta hace poco no tenían, porque si bien antes sus experiencias individuales con la empresa eran eventos restringidos y desconocidos para el grueso público, y no podían hacer valer el peso de sus grandes números, hoy la situación ha cambiado drásticamente.

También hay un actor nuevo de gran poder sobre la empresa: las Organizaciones No-Gubernamentales (ONG), que pueden actuar con determinación cuando consideran que la acción empresarial está afectando adversamente algunos aspectos de la sociedad, muy particularmente lo que se refiere al equilibrio ecológico, y ejercen una enorme influencia sobre los cursos de acción que la empresa puede seguir. Hoy las empresas necesitan una licencia social para operar (ver Recuadro "El caso de HidroAysén").

No cabe duda de que el entorno y todas las fuerzas externas de la empresa tienen una profunda relevancia al momento de definir el curso de esta, y que en el mundo actual, ella debe contar con una unidad especializada en relaciones con la comunidad y preguntarse qué le corresponde hacer además de maximizar el valor para los accionistas.

EL CASO DE HIDROAYSÉN
POR ARNOLDO HAX

Chile es un país tremendamente vulnerable en generación eléctrica. El país no tiene recursos petroleros y posee en cambio en abundancia energía hidroeléctrica, principalmente en la provincia de Aysén, la que debería llevarse al norte del país por líneas que atravesarían medio país. Pero este potencial no se puede desarrollar, porque no obstante que el proyecto tuvo una aprobación inicial de las autoridades competentes, surgieron fuertes voces opositoras de los pobladores de Aysén, organizaciones ecologistas y grupos relevantes de la sociedad, que se oponían a la construcción de centrales y de las líneas de transmisión. El proyecto se paralizó y su autorización para operar ha sido denegada ahora por las autoridades. No bastaba tener un proyecto económicamente factible y técnicamente impecable para poder avanzar en su materialización.

La centralidad del proceso de planificación estratégica

Contenido y proceso

Lo más popular y llamativo en el estudio de la estrategia es la elaboración de una teoría que permita explicar los fundamentos del éxito de una empresa. De este modo nos referimos, por ejemplo, a su capacidad de innovación tecnológica, su habilidad en el diseño, la calidad de sus productos y servicios, la diversidad, extensión y exclusividad de sus canales de distribución, la eficiencia de su logística, su forma de atender y retener al cliente, su estrategia de crecimiento internacional, y a tantas otras interpretaciones que pueden darse para justificar los logros de una compañía.

Lo anterior es el estudio del "contenido" en estrategia; se refiere a lo que vamos a hacer para conseguir una propuesta de valor única y diferenciada al cliente, e implica definir los grandes objetivos y la totalidad de las tareas necesarias para la implementación de la estrategia.

Sin embargo, hemos decidido plantear como la primera lección algo que tiene menos *glamour*, pero que resulta central si queremos que la estrategia que definamos resulte exitosa. Nos referimos al "proceso" organizacional, que es un esfuerzo colectivo que moviliza a toda la organización, con el propósito de formular la estrategia, definir los objetivos que se pretende alcanzar, e identificar los distintos programas de acción que se precisa ejecutar.

El proceso es un diálogo entre participantes clave y con un lenguaje compartido

El proceso de formulación de la estrategia es fundamentalmente un diálogo al cual deben concurrir todos los principales líderes de la institución para darle legitimidad. En este diálogo se busca generar entusiasmo por el proyecto de futuro de la empresa, alcanzar un consenso en la definición de la estrategia y culminar con la definición de una agenda estratégica totalmente compartida por estos líderes de la institución.

Este diálogo presenta dos dimensiones fundamentales: la identificación de los participantes clave y el lenguaje que se va a emplear.

Los participantes en el diálogo: ¿Cuán inclusivo debe ser el proceso?

No resulta trivial definir a quiénes se quiere incorporar en el diálogo para formular la estrategia, cuál va a ser el grado de apertura y el número de actores que se desea invitar como arquitectos de este proceso, y el papel que va a asumir cada uno de los participantes.

Por un lado, quisiéramos democratizar lo más posible la asistencia, incorporando a un alto número de personas, y desplegar así un proceso ampliamente participativo. Esto permite generar más y mejores ideas y sugerencias concretas de acción estratégica, y también darle un mayor sentido de pertenencia a una gran cantidad de personas.

Alternativamente, podemos limitar el número de participantes a un grupo reducido que coincide con los ejecutivos superiores de la empresa o institución.

La definición del número y la forma de participación de los integrantes en el proceso de formulación de la estrategia son momentos sumamente críticos, pues implican decisiones de gran relevancia. Hemos intervenido en procesos restringidos a solo 6 a 10 personas y en otros que incluyen hasta 80 participantes. Ambos extremos tienen ventajas y desventajas, y la selección entre ellos depende del carácter de la institución, su cultura y el sello que le quiere imponer el Presidente Ejecutivo al proceso.

Nuestra recomendación respecto de la cantidad de participantes es favorecer una mayor inclusión, siendo deseable un número de 20 a 30 personas en una etapa inicial y la cifra más grande posible en una etapa posterior de socialización de la estrategia seleccionada.

Lenguaje: La formalidad del proceso

Si se pretende establecer un diálogo constructivo y fructífero, el punto de partida es la definición de un lenguaje común, compartido y bien entendido por todos los participantes.

Un lenguaje común permite darles una misma interpretación a los términos y dotar de estructura, rigurosidad y sentido al diálogo. Es tan importante este punto que los beneficios de una reunión van a ser mayores por el solo hecho de haber seleccionado un lenguaje, aunque no sea el más apropiado para las circunstancias.

Una definición clave al momento de decidir un lenguaje común es la selección de la **formalidad del proceso**. Puede recurrirse en un extremo a una metodología con un alto grado de formalidad, basada en el uso de modelos de estrategia ampliamente conocidos, como el Modelo de Porter, o el Modelo Delta. Alternativamente, puede favorecerse un estilo más intuitivo e informal, que permita mayor libertad a la forma en que se generan las sugerencias de acción estratégica y fomente un diálogo menos estructurado. El primero es un proceso más dirigido, que facilita la definición de los objetivos y programas de acción estratégicos; el segundo es más abierto y se orienta más a la generación de ideas que a la acción, pero puede resultar muy frustrante si no hay una preparación de las personas que van a participar, porque "la inspiración viene a las mentes preparadas"[14].

Es difícil argumentar en forma categórica por una u otra de estas opciones. En gran medida ello depende del tipo de institución que queremos crear, la naturaleza de la empresa, su legado y muy especialmente el tipo de dirección que quiera darle su Presidente Ejecutivo.

Nuestra recomendación respecto de la formalidad del proceso es favorecer el empleo de un esquema metodológico algo más estructurado. Y los lenguajes posibles de utilizar para esta estructuración pueden en verdad ser muchos, pero sin duda el más popular e influyente surge de las dos propuestas desarrolladas por Michael Porter: el Modelo de las Cinco Fuerzas (para evaluar el atractivo de la industria a la cual pertenece la empresa) y la Cadena de Valor (para definir el posicionamiento de la empresa en relación con sus competidores). En nuestro primer libro[15] nosotros propusimos una metodología para aplicar estos dos modelos con un alto grado de formalidad (además de otras alternativas).

En estas lecciones, el lenguaje que proponemos es el del Modelo Delta[16] y sus derivaciones, que constituye la base para la identificación de varias de las lecciones aquí expuestas.

---

[14] Louis Pasteur.

[15] Hax, Arnoldo y Majluf Nicolás, *Strategic Management: an Integrative Perspective*, Prentice Hall, New Jersey, 1984.

[16] Hax, Arnoldo, *The Delta Model: Reinventing your Business Strategy*, Springer, 2011.

¿Qué es consenso?

Tratar de alcanzar el consenso en una reunión en la que participan muchas personas con distintas visiones sobre lo que es mejor para la empresa puede ser difícil. Por ello hemos definido consenso, siguiendo la recomendación de Arnoldo Hax a Saturn (ver Recuadro "Definición del Consenso en Saturn"), no como unanimidad, sino como "60% de acuerdo y 100% de compromiso". Es decir, hay un tiempo para debatir y luchar por tratar de imponer nuestros puntos de vista, pero una vez que se consigue arribar a una decisión ampliamente aceptada (al menos 60%), no caben más disensos, sino hacerse parte de la decisión de la mayoría, aunque no haya sido mi preferida. La decisión sancionada por esta amplia mayoría es respetada por todos y aceptada sin titubeos.

DEFINICIÓN DEL CONSENSO EN SATURN
POR ARNOLDO HAX

Tuve el privilegio de participar en la definición de la estrategia de Saturn, una empresa notablemente creativa que se creó cuando General Motors decidió ser la primera automotriz norteamericana que entraba al negocio del auto pequeño. Hasta ese momento, no había producción de un auto pequeño en las grandes automotrices de ese país. El mercado estaba dominado por el Toyota Corolla y el Honda Civic, dos autos de gran calidad con precios muy competitivos. General Motors resuelve entrar en ese segmento del negocio automotor, porque se da cuenta de que tiene una enorme importancia estratégica, ya que la primera adquisición de una persona cuando tiene la capacidad económica de comprarse un auto es, con muy pocas excepciones, uno pequeño, que tiene un precio asequible a su bolsillo.

Cuando conduje la primera reunión citada para definir la estrategia de Saturn, les dije a los directivos superiores que el proceso debería llevar a establecer un consenso entre ellos. De inmediato surgió la pregunta ¿qué es un consenso? y les respondí: "60% de acuerdo y 100% de compromiso". Esto implica que las decisiones se obtienen por una mayoría expresiva, y que esa mayoría es respetada y aceptada por la comunidad total.

El ámbito del proceso: Los focos de atención en distintas unidades y niveles de la empresa

Los focos de la planificación son diferentes dependiendo del ámbito en que se apliquen. Las decisiones del nivel corporativo (la empresa como un todo) no son las mismas que aquellas que se dan en sus distintos negocios, áreas funcionales u otras unidades operativas y procesos de la empresa. Al mirar la totalidad de la empresa, son importantes, por ejemplo, el conjunto completo de la cartera de negocios y actividades de la empresa, y las oportunidades de integración y sinergias entre ellas. Diverso es el caso de un área de negocio particular, que debe buscar crecimiento y rentabilidad en su industria específica, o de una función (como fabricación u otra), que debe orientarse a la excelencia, productividad y modernización en su ámbito.

Por consiguiente, el conjunto de decisiones relevantes de considerar en una planificación estratégica depende en gran medida de la naturaleza de la empresa.

El caso más claro se da cuando la empresa tiene únicamente un negocio, por lo que la planificación se focaliza en él. Las metodologías tipo Modelo de Porter y Modelo Delta son las que resultan más apropiadas.

Si la empresa está formada por una cartera de negocios, es preciso reconocer dos situaciones diferentes. Por un lado, cuando la planificación de refiere a un conglomerado de empresas constituido por un conjunto de negocios no relacionados entre sí, que operan en forma completamente autónoma, la estrategia no considera una interacción entre los negocios que vaya más allá de un manejo integrado de la caja. Si, por el contrario, la empresa está conformada por una cartera de negocios relacionados entre sí, el nivel central tiene la responsabilidad de agregarles valor a estos negocios, buscando y explotando las oportunidades de sinergias que puedan existir entre ellos. Así se consigue que el todo sea mayor que la suma de sus partes y que no se aplique el descuento de valor que se hace en el caso de los conglomerados.

En suma, los focos de atención y la naturaleza de las decisiones que deben atenderse en un proceso de planificación estratégica dependen del tipo de empresa de que se trate y del nivel al que se refieran.

La dirección del proceso: Liderados por la superioridad de la empresa (*top-down*) o emergiendo desde las bases (*bottom-up*)

Es muy distinto un proceso de planificación liderado por la superioridad que uno que emerge de las bases.

Un proceso de arriba hacia abajo requiere de la superioridad un conocimiento muy exhaustivo de todas las actividades de la empresa. Solo así es posible definir una agenda estratégica que tenga sentido, y que sea fácil de comunicar y asimilar por todos los niveles de la organización. De este modo se facilita también su ejecución, pues los múltiples estamentos la van a hacer suya.

En un proceso de abajo hacia arriba, en cambio, los niveles inferiores son los llamados a hacer sugerencias de acciones estratégicas en sus ámbitos de responsabilidad, las que deben ser asimiladas, agregadas y sancionadas por los niveles superiores.

Ambas metodologías hacen sentido e, incluso, es común definir procesos que van de arriba hacia abajo y continúan de abajo hacia arriba, completando más de un ciclo de planificación.

Nuestra recomendación es evaluar bien la profundidad del conocimiento requerido en cada caso. Si la superioridad en verdad tiene un gran dominio de todas las actividades de la empresa, el proceso puede ser más directivo y los subordinados lo van a apreciar y agradecer. Si, por el contrario, se enfrenta un alto grado de complejidad en el entorno de negocios, lo que es común por ejemplo en empresas diversificadas, es preferible un proceso que se genere desde abajo y sea sancionado en la parte superior de la empresa.

Los talleres de planificación: La forma de estructurar el proceso y abrir espacios de participación

Los talleres son la forma en que comúnmente llevamos adelante procesos de planificación estratégica en instituciones y empresas, y los recomendamos como una manera efectiva y sensata de realizar procesos bien estructurados y ampliamente participativos.

También es nuestra experiencia que un facilitador externo es de gran ayuda, pues en general no existen las competencias internas para desarrollar un proceso adecuado, e incluso, si existiesen, es bueno contar con un externo no comprometido. Además este facilitador aporta la metodología y actúa como coordinador y catalizador de la discusión entre los participantes ("abogado del diablo", el que hace las preguntas difíciles no para molestar, sino para hacer pensar y mostrar nuevas formas de ver la estrategia de la empresa). De allí que sea muy relevante la trayectoria y maestría del facilitador en el éxito de un taller. Algunas veces hemos planteado que no solo *"the song"* es importante (la metodología), sino también *"the singer"* (el facilitador).

Este facilitador no debe actuar como un "consultor experto", sino como un "consultor del proceso", es decir, no dicta lo que hay que hacer (eso sería tremendamente ofensivo, pues equivaldría a asignarle a un ente exógeno la responsabilidad del manejo de la empresa, lo que sería denigrante para los ejecutivos), sino que establece el procedimiento para conducir la conversación. Es el que hace surgir la estrategia del conocimiento experto que reside en los participantes del taller y tiene la sensibilidad para un buen manejo político de las relaciones, porque el proceso de planificación es altamente dependiente de la estructura organizativa de la empresa y de su cultura empresarial.

Pero ¿por qué es necesario un taller que dura dos a tres días y distrae de las labores cotidianas al grupo de ejecutivos más relevantes de la empresa? La respuesta se refleja claramente en el popular dicho de que "lo urgente no deja ver lo importante". Si pretendemos dedicarnos a reflexionar en la estrategia, hay que abrir el espacio para ello en las agendas del equipo directivo. Hay que sacarlos de su rutina y llevarlos a un lugar alejado de la empresa, sin interrupciones por las urgencias cotidianas. Los teléfonos celulares deben "confiscarse". De otro modo, no va a conseguirse una dedicación seria a la formulación de la estrategia. La estrategia, triste es decirlo, no es comúnmente parte integral de las responsabilidades cotidianas de gestión, lo cual debilita enormemente la calidad del proceso gerencial.

De allí que la realización de un taller de más de un día, fuera de las instalaciones de la empresa, es un buen procedimiento para crear la urgencia de pensar en su futuro.

La conducción del proceso se amolda al estilo del Presidente Ejecutivo

Los talleres no consisten en la aplicación mecánica de un procedimiento ordenado y bien definido. Además de la estructura organizacional y de la cultura del lugar, los talleres se ven profundamente afectados por el rol que decide jugar el Presidente Ejecutivo en el desarrollo de su estrategia. En el Recuadro "Estilo de Participación en los Talleres de Estrategia" se puede ver la forma de participar de cuatro presidentes ejecutivos de excepción, pero muy distintos entre sí, que han trabajado con Arnoldo Hax. Esto nos evita tener que recurrir a estereotipos o etiquetas que a veces se utilizan para definir el rol del líder, tales como autoritario, autocrático, democrático, liberal, carismático, emprendedor, proactivo, audaz... Hay que reconocer que la gestión crea enormes espacios para desarrollar ejecutivos brillantes, con estilos muy diferentes en cada una de sus empresas. Ellos deben saber adaptar su estilo a las circunstancias que enfrentan.

ESTILO DE LA PARTICIPACIÓN EN LOS TALLERES DE ESTRATEGIA: LOS CASOS DE CUATRO EJECUTIVOS
POR ARNOLDO HAX

Los cuatro ejecutivos a los que me voy a referir me merecen el más profundo respeto, y siento por todos ellos una gran admiración, por sus condiciones innegables de liderazgo. Su caso es interesante, porque aunque exhiben estilos gerenciales muy distintos, todos lo hacen muy bien, lo que vuelve instructiva su comparación. Esto es evidencia del dicho *"There are many ways to skin the cat"* (son diversas las formas de desollar un gato), es decir, son muchas las formas de hacerlo bien como ejecutivo.

Héctor Ruiz es un hombre singular. Nació en México en condiciones de gran pobreza, pero debido a su enorme talento logró educarse en Estados Unidos y luego obtener un título de máster en la Universidad de Texas en Austin y un doctorado en Rice University, siendo el primero de su clase.

Conocí a Héctor como VP a cargo de semiconductores en Motorola. Al término de su ilustre carrera fue CEO de Advanced Micro Devices (AMD), una empresa que tenía la difícil tarea de competir con Intel en el desarrollo de chips para computadoras. Todos sabemos que Intel tiene una posición dominante en ese negocio.

Cuando Héctor asume la presidencia de AMD se encuentra con una situación absolutamente imposible, que es competir con Intel. Para ello encauza todas sus capacidades tecnológicas a producir un chip superior al que Intel ofrecía al mercado. Su gran preocupación, de acuerdo con lo que él argumentaba, es que Intel tenía prácticas predatorias que hacían imposible una competencia leal. Toda su preocupación fue generar las condiciones para crear una oferta superior y documentar claramente los resultados; y luego, cuando sus esfuerzos eran inútiles, se fue a juicio en contra de Intel, acusándolo de prácticas monopolísticas. Ganó este juicio y el fallo le significó a su empresa varios millones de dólares.

Acompañé a Héctor durante gran parte de su carrera, asesorándolo para establecer la estrategia de los negocios que presidió. Era espléndido observar cómo actuaba con su equipo gerencial. En los talleres de planificación que conducía, Héctor normalmente se ubicaba de pie en un rincón de la habitación, sin decir mucho, o más bien sin decir nada en la mayor parte del proceso. Pero de pronto surgía su voz potente, definitiva y con una enorme claridad para definir la problemática en la cual la empresa se encontraba y determinar el camino a seguir.

Héctor es una persona que reúne un profundo conocimiento tecnológico, una enorme habilidad comercial y al mismo tiempo posee una empatía personal que desarma cualquier tipo de polémica. Era el proverbial *"quiet man"*, cuya locuacidad se hacía impactante en el momento definitivo.

John Grael, el Presidente Ejecutivo de Molymet, una empresa chilena líder en el procesamiento de molibdeno, enriquecía enormemente el diálogo en el proceso de planificación estratégica. A diferencia de Héctor Ruiz, que era un hombre quieto, John tenía una voz elocuente durante todo el proceso, continuamente aportando ideas y enriqueciendo la discusión con comentarios tremendamente atinados. Sin embargo, su presencia no era inhibidora, porque a pesar de estar siempre involucrado en el diálogo, permitía una participación muy abierta, sin restringir las contribuciones de los otros miembros del grupo.

Lionel Olavarría, presidente ejecutivo del BCI, el tercer banco de Chile, es otro ejemplo de un presidente que asume un papel de enorme significación en el proceso, contribuyendo en todo momento a un diálogo constructivo, pero reservándose al final las decisiones que implicarían asignaciones de responsabilidad para su equipo directivo, que no quería discutirlas en forma abierta.

Skip Le Fauve, un querido amigo, ex CEO de Saturn. A él le tocó poner en marcha la primera empresa automotriz norteamericana que entró al negocio de los autos pequeños. Para alejarse de la enorme burocracia de General Motors en Detroit, deciden instalar la casa matriz de Saturn en Springfield, Tenesse, lo más lejos posible de Detroit, sabiendo exactamente "cómo no hacerlo". La idea de Skip era establecer una gestión lo más participativa posible, en contraste con la visión autocrática que primaba en ese tiempo en General Motors, y que había generado una pugna irreconciliable entre sus ejecutivos y los sindicatos de obreros. La idea de Skip era construir una empresa con el más alto grado de participación posible, incluyendo en la dirección superior a miembros del sindicato.

La empresa extendida. Los actores relevantes

Una de las definiciones más críticas en el análisis estratégico de una empresa es identificar el "sistema" en que ella se encuentra inserta. Pensar en la empresa como un ente aislado es una limitación que conduce a decisiones estratégicas equivocadas. La empresa no es una "isla", sino parte de un "archipiélago" o de una "ecología", y es por ello que un paso muy relevante en estrategia consiste en identificar a todos los participantes en la "empresa extendida" y sus relaciones con la compañía. La empresa extendida es el foco de atención más determinante del pensamiento estratégico. La FIGURA 2-1 representa, en términos genéricos, los actores relevantes en el funcionamiento de una empresa.

FIGURA 2-1
La Empresa Extendida: Actores relevantes

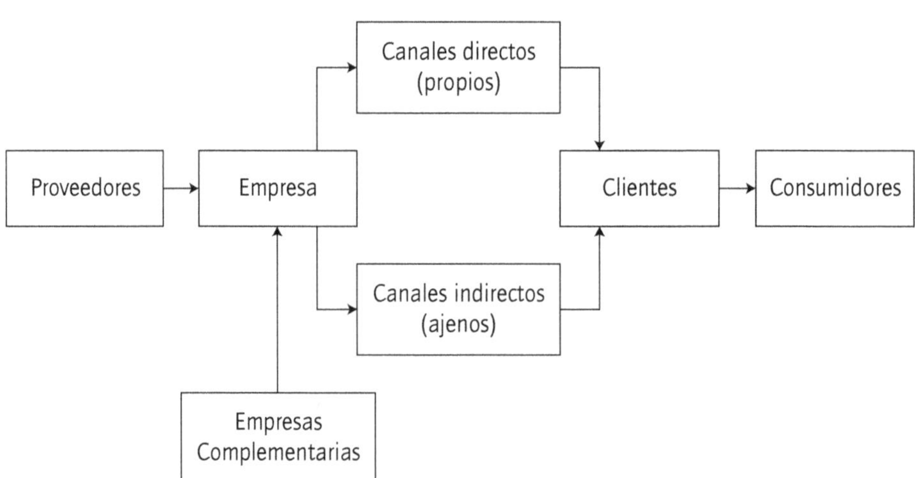

Un actor del entorno de una empresa se considera relevante no solo porque establece relaciones con ella, sino además porque existe la posibilidad de diferenciar estas relaciones, dependiendo de las circunstancias y del posicionamiento estratégico. Siguiendo los tres vértices del Modelo Delta, las relaciones pueden ser puramente "transaccionales" en el vértice del Mejor Producto, "relacionales" en el de la Solución Integral al Cliente o "estratégicas" en el de Consolidación del Sistema (FIGURA 2-2).

FIGURA 2-2

Asociación entre la naturaleza de la relación con los actores relevantes
(en negritas) y la estrategia genérica

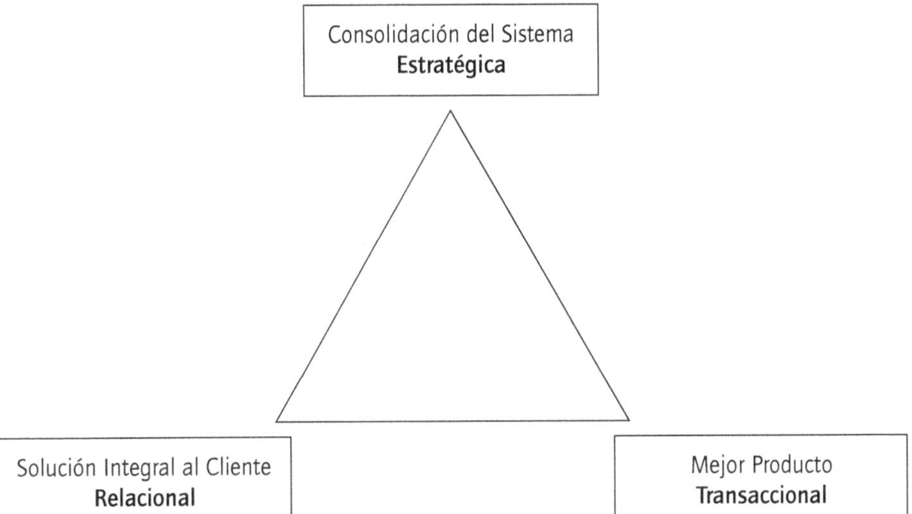

Relación con proveedores

Una empresa nunca es autosuficiente, y menos aún en el mundo actual, en el que se ha acentuado la diferenciación y la especialización de las organizaciones. Por ello, necesita del concurso de muchos y muy diversos proveedores —de materias primas, componentes, servicios logísticos, transferencia tecnológica y otros— para poder producir y entregar sus bienes y servicios, y cumplir así con su propuesta de valor a sus clientes.

Pero independientemente del producto o servicio que los proveedores entregan a la empresa, si estos no son diferenciados y, asimismo, ofrecidos ampliamente a cualquier institución, la relación que se va a establecer será de naturaleza "transaccional", caracterizada por la economía del intercambio: el proveedor entrega un producto o servicio y la institución paga, y allí termina la relación. Lo común en este caso es que la naturaleza de los productos y servicios sea altamente *comoditizada*, por lo que el proveedor no tiene ninguna relevancia estratégica.

Lo deseable, sin embargo, es que el proveedor sea fundamental para la marcha de la empresa, lo que ocurre cuando se produce una cercanía empresa-proveedor, que lleva a una mayor proximidad y a una relación de confianza y comprensión mutua de las necesidades de cada una de las partes involucradas en la relación. El proveedor, en este caso, entrega productos y servicios "hechos a la medida" de las necesidades de la empresa y se transforma en un socio estratégico de la compañía.

Un caso muy notable ocurre con la empresa Wal-Mart, la mayor empresa de *retail* (comercio) del mundo occidental, que no obstante las altas exigencias de precio, calidad y plazo de entrega que pone a sus proveedores, ha sido calificada por varios años por la revista Fortune como *"the best retailer to do business with"* (la mejor empresa de comercio para hacer negocios).

Wal-Mart es extremadamente selectiva en la identificación de sus proveedores. Cada uno de ellos visita personalmente la casa matriz en Bentonville, Arkansas, y allí se negocian los términos de la relación, que normalmente son muy ventajosos para Wal-Mart. A cambio de ello, Wal-Mart se transforma en un socio estratégico permanente del proveedor, haciéndole transferencias de tecnología y dándole apoyos de diverso tipo, con el fin de mejorar y reducir su estructura de costos.

Por otra parte, Wal-Mart ha invertido millones de dólares para disponer de un sistema de información altamente sofisticado que permita el acceso del proveedor a los datos de ventas en cada una de sus tiendas. De este modo, el proveedor puede saber en tiempo real si las mercaderías que entrega a Wal-Mart están rotando como se esperaba (o mejor de lo que se esperaba), o si no se están moviendo con suficiente velocidad. Esto ofrece oportunidades notables para mejorar la eficiencia y la productividad tanto de Wal-Mart como de sus proveedores, lo que les otorga a estos ventajas competitivas significativas respecto de quienes no son proveedores de Wal-Mart.

De este modo, la relación entre Wal-Mart y sus proveedores está lejos de ser puramente transaccional y acarrea beneficios para ambas partes (*win-win*). Esta insistencia del gigante del *retail* a sus proveedores en cuanto a eficiencia, productividad y calidad, que se traduce en costos relativamente más bajos de sus productos, le permite a la empresa transferir parte de estos beneficios al consumidor final, lo que le da una ventaja competitiva adicional que no resulta fácil de imitar, pues sus precios para productos equivalentes pueden ser más bajos que los de otras tiendas y aun tener un margen atractivo.

No es Wal-Mart el único ejemplo de empresa extendida hacia sus proveedores. Algo similar hizo Dell cuando revolucionó el mercado de los PC con su entrega directa. Devino en verdadero intermediario entre proveedores de componentes y sus clientes, gracias a un poderoso sistema de información que hizo posible una velocidad de entrega del producto terminado, capacidad de servicio y eficiencia en el manejo del inventario que resultan difíciles de igualar. También es un ejemplo, aunque menos conocido, el caso de la empresa de *trading* (intermediario de comercio) Li-Fung, basada en Hong-Kong, la que funda su fortaleza y servicio en una plataforma de más de 15.000 proveedores en más de 40 países, quienes han sido certificados por la empresa para atender a sus clientes, por su calidad, bajos costos y cumplimiento de los plazos de entrega, además de muchas otras características que lo convierten en un proveedor confiable.

Relación con empresas complementarias

En el mundo actual, se ha relevado la importancia de otros actores clave en el mundo de la empresa: las empresas complementarias. Al igual que los proveedores, ellas son entidades externas, pero contrario a lo que pasa con los proveedores, que normalmente atienden a varios clientes, las empresas complementarias se especializan en una empresa. Y, además, no ofrecen sus productos directamente a la compañía, sino a los clientes de ella. Es el caso, por ejemplo, de los diseñadores de juegos para plataforma Microsoft, o de Apps para Apple, que hacen más atractivas las propuestas de estas empresas (por lo que las ofrecen en sus tiendas) y al mismo tiempo constituyen una fuente de beneficios para la empresa complementaria. Es lo que se llama "el círculo virtuoso" generado por las economías de red: las plataformas más populares atraen un mayor número de empresas complementarias (porque la base de clientes potenciales es más grande), y esta proliferación de productos complementarios hace aún más atractiva la plataforma, atrayendo nuevos usuarios que la hacen aún más grande. Por ello se dice que, cuando esto ocurre, "el ganador se lo lleva todo".

La empresa complementaria es como una extensión de la empresa misma, pero totalmente independiente de ella. Es un concepto poderoso pero poco conocido y mínimamente explotado por la mayoría de las compañías. La identificación y consolidación de empresas complementarias es una fuente muy significativa de una estrategia bien lograda.

Las empresas complementarias más exitosas y visibles del mundo son Microsoft e Intel. Microsoft produce el sistema operativo e Intel los chips, una genera el software y la otra el hardware. Una brillante manera de establecer una relación complementaria entre ambas, lo que por muchos años ha implicado el dominio de este negocio. Esta asociación, que operó casi sin contrapeso por un largo período, y que aún tiene una gran porción del mercado, atrajo una enorme cantidad de empresas complementarias independientes, tales como programadores de software y productores de pequeños elementos de hardware que mejoran las capacidades de los PC, que no implicaban gasto alguno para las empresas. Sin duda que esto contribuyó a hacer de Bill Gates el hombre más rico del mundo, pues tenía trabajando gratis para él a un ejército de personas que no estaban en su planilla de pago.

Relación con los canales de distribución

Con toda propiedad podemos decir que "quien es dueño del canal es dueño del cliente". El canal corresponde a quien tiene el acercamiento final hacia el cliente y, por consiguiente, posee la mayor información y la más íntima relación con él. Por lo tanto es también una componente central de la estrategia seleccionar los canales más adecuados y hacer el mejor uso de ellos.

En términos genéricos, hay dos grandes alternativas: canales propios o canales ajenos. Es común que las empresas muestren preferencia por los canales propios, porque quieren exhibir la verdadera cara de la empresa en el contacto con el cliente y tener el control de esta relación, pues un tercero externo podría no estar bien alineado con la estrategia y el estilo de atención que la empresa quiere desarrollar en sus relaciones con el cliente. Pero hay situaciones en las cuales esto o no es posible o no es conveniente, porque contar con una propiedad tan extensa de activos que le permita una cobertura nacional, por ejemplo, no es una alternativa factible. En estos casos, el canal ajeno es la única solución. Sin embargo, esta no es la única razón para recurrir a terceros en la distribución de los productos o servicios de la empresa, pues hay casos de compañías que tienen el 100% de la propiedad de su cadena de distribución, mientras que otras en la misma industria operan con el sistema de franquicias. Simplemente son dos modelos entre los cuales la elección va a estar dictada por la estrategia.

Tal vez el ejemplo actual más exitoso de uso de canales propios sea Amazon. Cuando Jeff Bezos fundó la empresa, vio, muy acertadamente, que la mejor oportunidad que tenía de crear un canal directo de venta por internet estaba en los libros, porque es un producto que no necesita ser físicamente manipulado previo a su compra, su valor no es demasiado alto (pero es lo suficientemente alto como para que el costo adicional de transporte no sea un obstáculo para su adquisición), puede distribuirse en todo el territorio sin instalaciones mayores (al menos en un inicio), y porque la variedad de libros que puede ofrecerse supera largamente el millón, mientras que en una librería tradicional el número está en los pocos miles, en el mejor de los casos.

Llegar con una librería de calidad que ofrece una muy extensa lista de títulos hasta en los rincones más remotos del país fue un éxito de ventas instantáneo (aunque no de resultados). Pero esto fue como la punta de lanza de un proyecto de negocios que se desarrolló como un canal poderosísimo para ofrecer una variedad cada vez mayor de productos. En la actualidad, Amazon no solo ofrece los productos propios, sino que se ha transformado en un verdadero "*mall* virtual", en el cual otros proveedores pueden ofrecer sus propios productos. Tal vez no es una exageración decir que de ser una empresa del mundo del comercio, ha pasado a ser una empresa que comercializa "el canal", es decir, el acceso a sus clientes. Hoy Amazon representa un canal tremendamente poderoso, con un amplísimo ámbito de opciones.

Respecto del uso de canales ajenos, la industria automotriz en Estados Unidos proporciona un muy buen ejemplo. General Motors (GM) vende sus productos en todo el país a través de una red de distribución de concesionarios (*dealers*) exclusivos de su marca. Es clave, entonces, para la salud de la empresa, que sus distribuidores sean sólidos. Si ellos no logran ser competitivos, ya sea porque carecen de las competencias de gestión necesarias o porque son cooptados por distribuidores de otras marcas, se debilitan y ello lleva al languidecimiento de la empresa automotriz. Esto es lo que puede explicar, al menos en parte, la desfavorecida situación de GM en comparación con Toyota en el último tiempo.

La historia comienza en los 80, cuando ocurrió la gran penetración de los autos japoneses en Estados Unidos. Eran vehículos más pequeños y más baratos que los que se comercializaban en ese tiempo por parte de las grandes automotrices norteamericanas, y se hicieron tremendamente populares por su economía de combustible (en un tiempo de crisis del petróleo), además de su gran calidad. No es sorprendente que en esa época haya comenzado una gran rivalidad entre empresas norteamericanas y japonesas y, en particular, entre GM y Toyota.

La cancha más visible en que se enfrentaban estos dos grandes rivales era la de los atributos de sus vehículos, que se resumían en calidad y precio. Pero hubo otro enfrentamiento que pasó más desapercibido y que se refiere a la forma de gestionar su red de distribuidores y, en particular, el sistema informático que ponían a su disposición para atender las relaciones con clientes y proveedores.

Un distribuidor, para ser concesionario de una marca, debe allanarse a utilizar el sistema de información de esa empresa automotriz. Por cierto, no se pueden emplear simultáneamente dos sistemas de información diferentes para comunicarse con sus proveedores y clientes, por lo que la selección de una empresa automotriz por parte de un distribuidor es excluyente de cualquier otra.

Toyota tomó la ventaja tanto por la calidad y precio de sus vehículos como por la gran efectividad del sistema informático que instaló en sus distribuidores. La gestión de estos se hizo más eficiente (por ejemplo en el manejo de inventarios) y desarrolló una mucho mayor capacidad de responder a las necesidades de sus clientes. La exclusividad que GM exigía a sus distribuidores fue relajada por Toyota. Esta empresa les dio la libertad de distribuir también vehículos de otras marcas, en la medida que no compitieran directamente con Toyota.

Las ventajas de la oferta de Toyota eran tan significativas que es perfectamente lógico concluir que la pérdida de participación de GM y la ganancia de Toyota se debieron a las distintas maneras que tenían de trabajar con sus distribuidores. La lección es que la ventaja determinante de una empresa se puede jugar también en la cancha de la distribución.

Relación con clientes y consumidores

Es bastante evidente la enorme trascendencia que tienen los clientes y consumidores. Una empresa se debe fundamentalmente a sus clientes, por lo que se llega a decir que "el cliente es el rey", aunque hoy se planteen algunos reparos a esta aseveración tan categórica. Pero indudablemente los clientes están en el corazón de la estrategia. Si no manejamos bien esta relación, todo el resto del aparataje empresarial se desmorona.

Un ejemplo legendario de relación empresa-cliente es el de Coca-Cola. Ha sido históricamente tan grande el poder y visibilidad de su marca en todo el mundo que Coca-Cola es, sorprendentemente, la segunda palabra más conocida a nivel global, siendo solo superada por la palabra OK. Esto da una idea de su enorme presencia en los países más diversos del planeta.

Coca-Cola plantea que la base de la relación con sus clientes se resume en la triple A (AAA), la que se refiere a: *Acceptability* (Aceptabilidad), *Accesibility* (Accesibilidad) y *Affordability* ("Al alcance del bolsillo").

Los significados de este planteamiento son claros. Aceptabilidad implica que se busca que el producto sea aceptado y deseado por el cliente. De allí, por ejemplo, la importancia de la publicidad y la estrategia de fortalecimiento de la marca, pues se trata de hacer más estimables y apetecibles en la mente del consumidor los productos que Coca-Cola ofrece.

Incluso esto puede implicar regalar productos en cantidades masivas (o entregarlos a precios subsidiados) y por muchos años, en la esperanza que de esta manera se va a conseguir la lealtad y adhesión del consumidor a la marca y el producto. Regalar productos no se conceptualiza como un costo, sino como una inversión para adquirir clientes (idealmente cuando son niños), los que van a consumir posteriormente el producto a lo largo de todo su ciclo de vida. Así es precisamente como puede interpretarse la alianza entre Coca-Cola y McDonald's, que implicó que esta gigantesca cadena global de comida rápida ofreciese exclusivamente Coca-Cola a sus clientes. Los grandes clientes de McDonald's son precisamente los niños, quienes disfrutan las hamburguesas y papas fritas preparadas por estos restaurantes y se deleitan con bebida de bajo costo.

Cumplir la promesa de Accesibilidad es de lo más relevante, pues la bebida debe estar disponible al momento en que se produce el deseo de beber (*"at arms reach"* en el léxico de Coca-Cola, que significa al alcance de la mano[17]), o de otro modo el

---

[17]   El dicho surgió durante la Segunda Guerra Mundial, porque el ministro de Defensa de USA le pidió al CEO de Coca-Cola que pusiera la bebida al alcance de la mano de las tropas, dondequiera que estuvieren.

consumo se deriva a un producto diferente y se pierde. Esto porque el deseo de beber es un impulso, más que una decisión deliberada, por lo que debe existir la forma de satisfacer este impulso en el momento que se produce. De allí, por ejemplo, que en cualquier lugar de ciudad de México se pueda encontrar una Coca-Cola a no más de 100 metros de distancia, lo que ha llevado a que México sea el país con el más alto consumo per cápita de Coca-Cola en el mundo.

Por último, el costo de la Coca-Cola debe ser asequible para el consumidor (*affordable*), pues de otro modo este no podría adquirir el producto. Sorprende saber que en términos reales el precio de la Coca-Cola ha permanecido prácticamente invariable durante los más de 100 años de historia de la empresa, pero esta política corresponde a la intención de la compañía de mantener sus productos no solo al "alcance de la mano" (*accesibility*), sino también "al alcance del bolsillo" (*affordability*).

A modo de resumen:
Evitando los riesgos de la *comoditización*

En suma, la empresa extendida busca establecer una relación especial y de mutuo beneficio con cada una de las entidades que son relevantes para su mejor desempeño y para la atención de sus clientes y consumidores.

En cada una de estas relaciones la clave es, en primer lugar, segmentar a estos actores relevantes en función del lazo que establecen con la empresa (transaccional, relacional y estratégico), con el fin de evitar su *comoditización*. No todos los proveedores son iguales, ni las empresas complementarias, ni los canales, ni los clientes, ni los consumidores, lo que implica que debemos comenzar por entender la naturaleza de sus diferencias.

Luego, es preciso diferenciar su propuesta, con el fin de evitar la *comoditización* del producto. Esto se hace a partir de las características particulares de cada actor relevante y de la calidad y cercanía de la relación que se establece con ellos, pues solo así es posible identificar las oportunidades más interesantes y la mejor forma de explotarlas conjuntamente, de un modo adecuado y con eficacia.

Una ayuda en este proceso de calificación de los actores relevantes es el uso de las tres opciones de estrategias genéricas en el Modelo Delta (Mejor Producto, Solución Integral al Cliente y Consolidación del Sistema o *lock-in*), lo que se expresa gráficamente por medio de un Triángulo cuyos tres vértices representan las tres opciones estratégicas. Por consiguiente los cuatro actores de la Empresa Extendida generan cuatro triángulos. Estos triángulos son el resultado de la calificación de los cuatro grupos de actores relevantes (proveedores, empresas complementarias, canales y clientes-consumidores) en términos de estas estrategias genéricas (Ver Recuadro "Calificación de actores relevantes en el Modelo Delta").

De este modo se evita el riesgo de *comoditización*, que es lo peor que le puede ocurrir a una actividad empresarial, y que implica ausencia de diferenciación, falta de liderazgo, incapacidad de ofrecer algo que sea distintivo. En otras palabras, la *comoditización* es sinónimo de mediocridad, algo que ciertamente queremos evitar.

Es fácil caer en la trampa de la *comoditización* cuando el producto o servicio no se diferencia en absoluto de la oferta de otros proveedores del mercado. Esto ocurre, por ejemplo, en la industria del cobre. Ningún productor de cobre puede argüir que su producto es superior al de los otros productores: el cobre es auténticamente un producto *commodity*.

Pero ello no significa que el negocio del cobre sea un *commodity*. Aguas abajo de la minería, las diferencias entre los clientes son notables. Es muy distinto el uso del cobre que hace Carrier en aire acondicionado, que el de Siemens en generación eléctrica, o el de Toyota en la industria automotriz. Hay una enorme cantidad de conocimiento tecnológico acumulado en cada empresa sobre la mejor forma de utilizar el cobre en su industria, y es diferente para todas ellas. Para que la relación de una empresa con su cliente no caiga en la *comoditización*, debe basarse en la oferta de un apoyo que haga más eficiente y efectivo el uso del cobre en sus respectivas aplicaciones. Esto redunda en beneficios para ambas partes y fortalece el vínculo entre ellas.

En el Recuadro "Segmentación de los clientes de Putnam Mining Corporation" se incluye un ejemplo de segmentación. Putnam Mining es una empresa ficticia que concebimos con propiedades tales que hagan al ejemplo verosímil y didáctico, el que también utilizaremos en los capítulos 3, 4 y 5. La segmentación identifica tres grandes categorías: buscador de precios, solución complementaria y solución personalizada.

En suma, aunque no cabe sino aceptar que hay productos que son inherentemente *commodities*, no hay ningún cliente que pueda calificarse como tal. Los clientes son todos distintos, por lo que el esfuerzo de una empresa que busca aproximarse a ellos debe orientarse a entenderlos y a elaborar conjuntamente con ellos una propuesta que los ayude a desarrollar sus negocios en plenitud. El peor error es *comoditizar* a los clientes.

CALIFICACIÓN DE ACTORES RELEVANTES EN EL MODELO DELTA

Para ilustrar la forma de calificar la relación de la empresa con sus actores relevantes, se presenta a continuación el ejemplo de una compañía aseguradora. En este caso, la empresa extendida está conformada fundamentalmente por cinco entidades: proveedores, empresa aseguradora, agentes (que son los canales de distribución) y dos tipos de clientes: dueños de negocios y público en general (FIGURA 2-3).

FIGURA 2-3

Los Actores Relevantes en el ejemplo de una Empresa Aseguradora

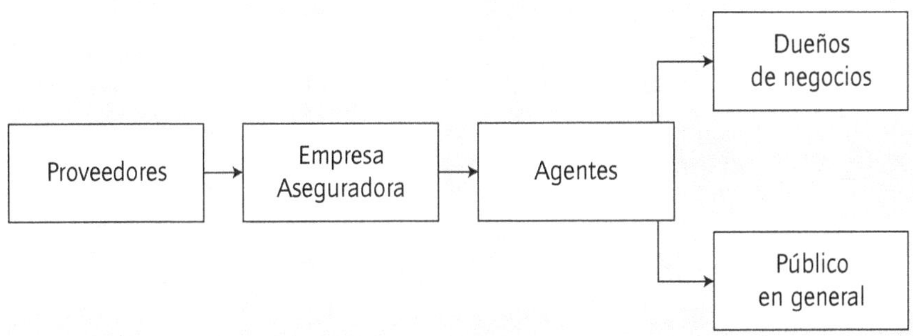

Por consiguiente, una empresa aseguradora determinada necesita definir cuatro triángulos que capten la distinta naturaleza de la relación con los cuatro actores relevantes y la forma de establecer prioridades en el vínculo con ellos. Los cuatro triángulos se muestran en las FIGURAS 2-4 A 2-7.

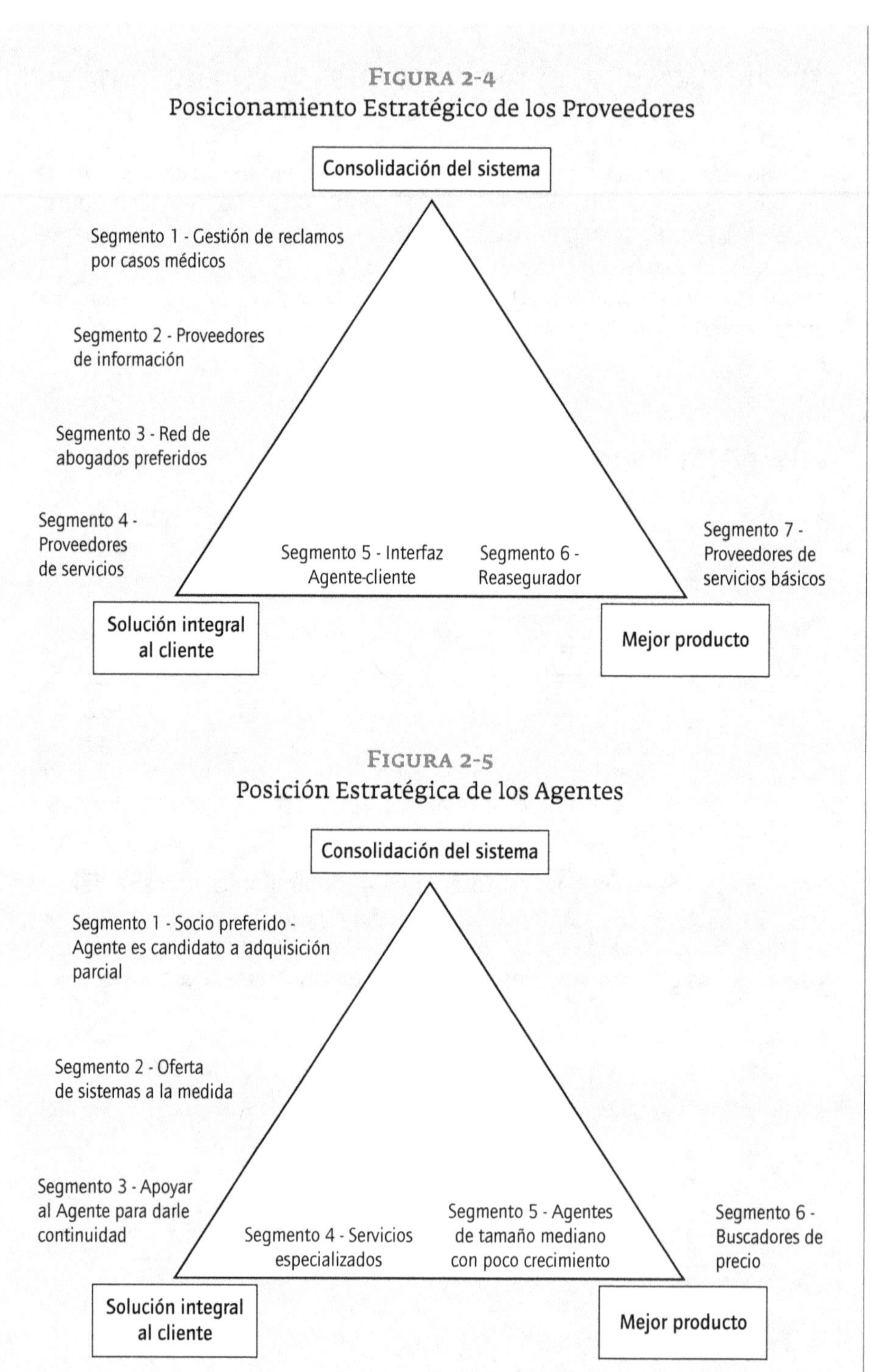
FIGURA 2-4
Posicionamiento Estratégico de los Proveedores

Consolidación del sistema

Segmento 1 - Gestión de reclamos por casos médicos

Segmento 2 - Proveedores de información

Segmento 3 - Red de abogados preferidos

Segmento 4 - Proveedores de servicios

Segmento 5 - Interfaz Agente-cliente

Segmento 6 - Reasegurador

Segmento 7 - Proveedores de servicios básicos

Solución integral al cliente

Mejor producto

FIGURA 2-5
Posición Estratégica de los Agentes

Consolidación del sistema

Segmento 1 - Socio preferido - Agente es candidato a adquisición parcial

Segmento 2 - Oferta de sistemas a la medida

Segmento 3 - Apoyar al Agente para darle continuidad

Segmento 4 - Servicios especializados

Segmento 5 - Agentes de tamaño mediano con poco crecimiento

Segmento 6 - Buscadores de precio

Solución integral al cliente

Mejor producto

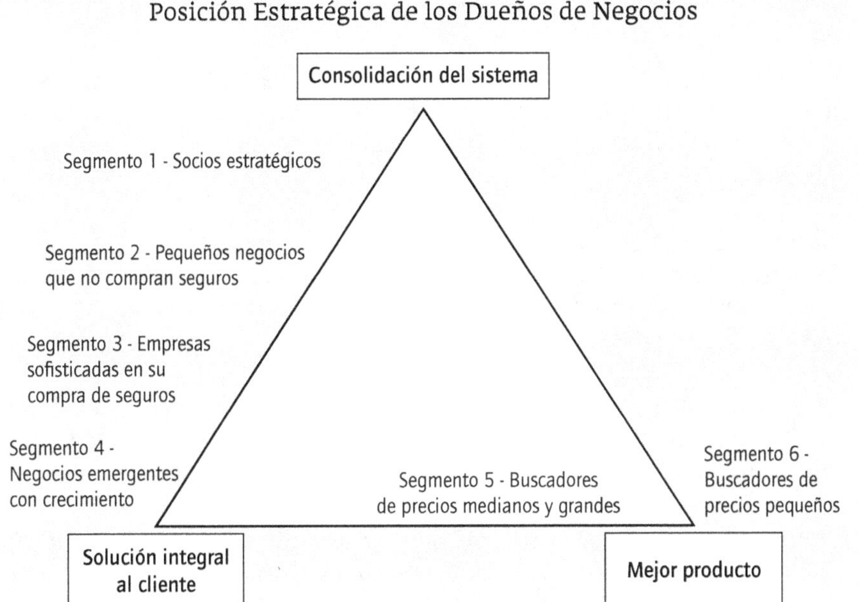

FIGURA 2-6
Posición Estratégica de los Dueños de Negocios

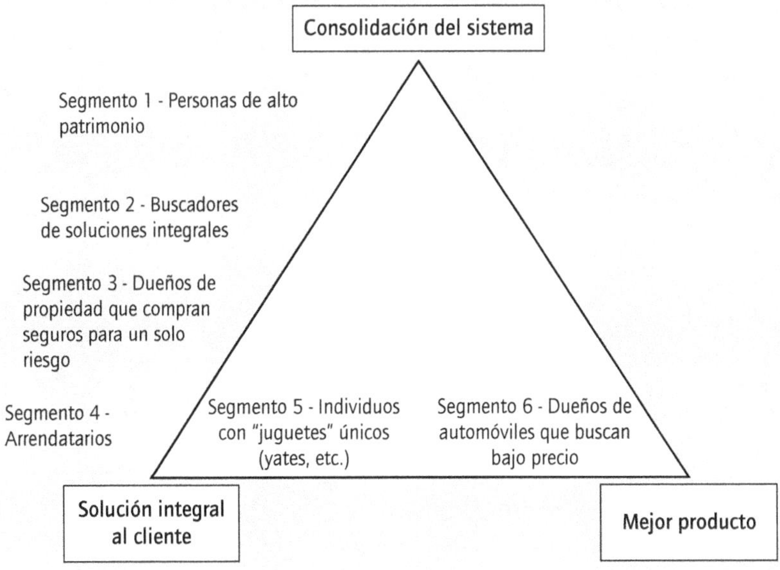

FIGURA 2-7
Posicionamiento Estratégico del Público en General

Testimonio de Arnoldo Hax

Quisiera compartir una anécdota que puede ser bastante ilustrativa de la relevancia que tiene el análisis de los grandes actores, que incluye la forma de segmentarlos y la manera más adecuada de establecer nuestra relación con ellos.

Hice una labor de consultoría con una importante empresa de seguros en Estados Unidos que nunca antes se había sometido a la disciplina de un proceso formal de planificación estratégica. Apliqué la misma metodología que estamos comentando.

La primera tarea fue identificar la empresa extendida relevante para la compañía y segmentar las entidades que componían cada uno de los actores. De aquí resultaron cuatro triángulos similares a los que acabamos de comentar.

Cuando terminé esta parte del trabajo, el presidente de la compañía aseguradora, un hombre tremendamente inteligente y extravertido, me expresó efusivamente su emoción diciendo "Estos cuatro triángulos constituyen una manera impactante de entender la forma de gestionar la empresa. ¡Me cambiaste completamente mi forma de operar!".

SEGMENTACIÓN DE LOS CLIENTES
DE PUTNAM MINING CORPORATION

Los clientes de Putnam Mining se segmentan, dependiendo de la naturaleza de la relación que han establecido con la empresa, en las tres categorías siguientes: buscador de precios, solución complementaria y solución personalizada. En la FIGURA 2-8 se identifican estos tres segmentos, que se ubican en los tres vértices del triángulo en el Modelo Delta, y se indican sus características.

Lo esencial es si solo se fijan en el precio, si están dispuestos a pagar por productos de mayor calidad, o si aprecian la incorporación de servicios en lo que Putnam Mining les ofrece.

En la medida que aumenta la fortaleza de esta relación, los clientes están dispuestos a establecer, en promedio, contratos de más largo plazo, comprometer una fracción mayor de sus necesidades de abastecimiento con Putnam Mining y a simplificar las condiciones que exigen en los contratos.

Los clientes en el vértice superior son los más atractivos para la empresa, porque no disponen de alternativas de abastecimientos que puedan satisfacer sus necesidades en las mismas condiciones de precio, calidad y servicio que las que les ofrece Putnam, por lo que están fuertemente comprometidos en esta relación.

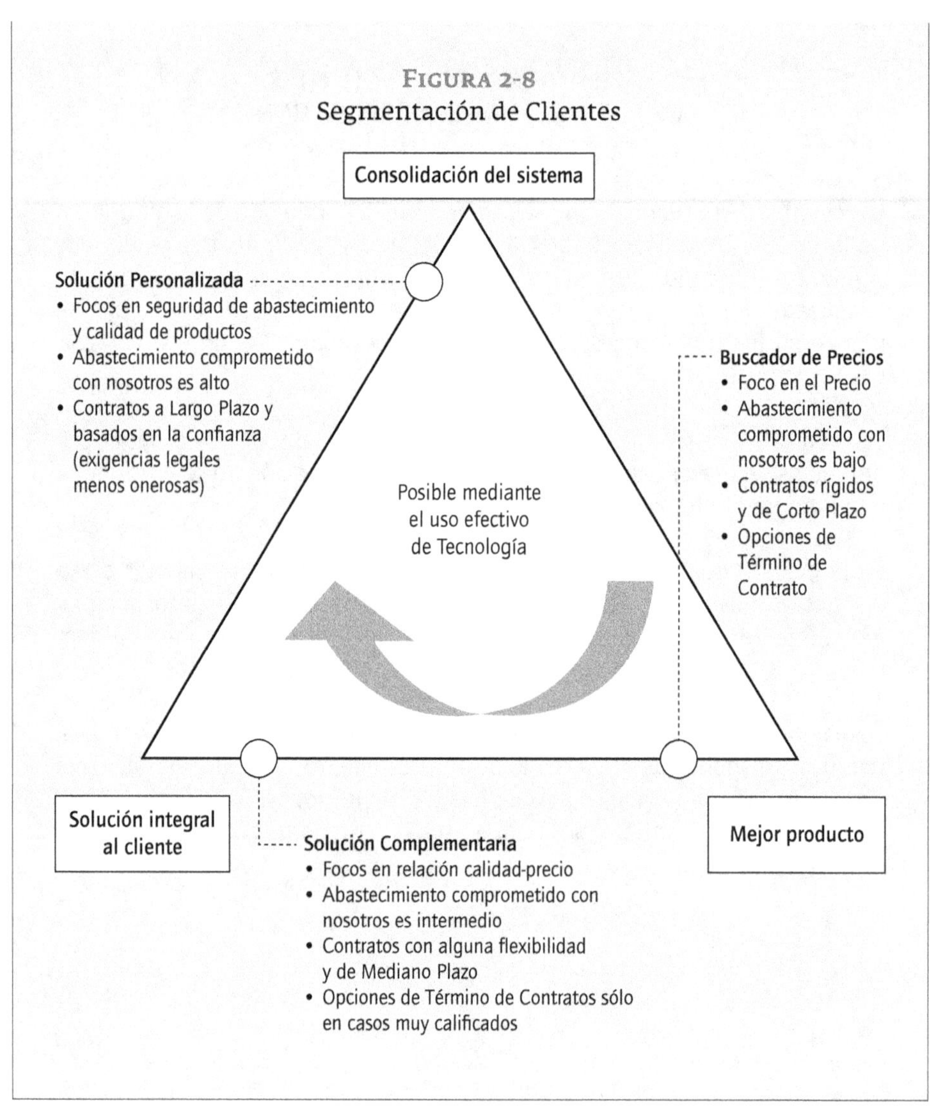
FIGURA 2-8
Segmentación de Clientes

Consolidación del sistema

Solución Personalizada
• Focos en seguridad de abastecimiento
y calidad de productos
• Abastecimiento comprometido
con nosotros es alto
• Contratos a Largo Plazo y
basados en la confianza
(exigencias legales
menos onerosas)

Buscador de Precios
• Foco en el Precio
• Abastecimiento
comprometido con
nosotros es bajo
• Contratos rígidos
y de Corto Plazo
• Opciones de
Término de
Contrato

Posible mediante
el uso efectivo
de Tecnología

Solución integral
al cliente

Mejor producto

Solución Complementaria
• Focos en relación calidad-precio
• Abastecimiento comprometido con
nosotros es intermedio
• Contratos con alguna flexibilidad
y de Mediano Plazo
• Opciones de Término de Contratos sólo
en casos muy calificados

La definición de las competencias. La falacia de las FODAs

Desde los primeros escritos de estrategia se ha considerado que lo que distingue a una empresa son sus competencias. Es lo que magistralmente expresa la frase atribuida a Leonardo: "si no puedes lo que quieres, al menos quiere lo que puedas". Es una oda a la importancia de las capacidades en el análisis de la estrategia: si las tienes, te abren un mundo de posibilidades, y si no puedes conseguirlas, es preferible que limites tus expectativas.

Hay una teoría muy popular[18] que basa la ventaja competitiva en los recursos exclusivos de la empresa, que corresponden a activos, competencias y capacidades que son únicas y además difíciles o imposibles de imitar, tales como una mina de cobre de alta ley y bajo costo de explotación (activo único), el *know-how* exclusivo en tecnología de proceso y diseño de productos, y la disponibilidad de un sofisticado sistema informático y logístico que no es fácil de copiar por otras empresas.

Una propuesta alternativa plantea que la base del éxito de una estrategia son las "competencias centrales" (*"core competences"*) de la empresa, que pueden referirse, por ejemplo, a su habilidad en procesos metalúrgicos o procesamiento térmico de metales, u otros conocimientos básicos que se comparten entre muchos productos.

Nosotros concordamos en que es de la esencia de la estrategia el identificar sus competencias. El problema es que no resulta fácil saber por dónde empezar. Nuestra propuesta es considerar el Modelo Delta para ello, pues usando esa base metodológica se dispone de una guía para concebir la empresa como una "cartera de competencias". Para explicar este punto vamos a partir con una breve exposición de las estrategias genéricas del Modelo Delta[19].

---

[18]   Resource-Based View of the Firm.

[19]   El lector interesado en profundizar este tema puede consultar el libro de Arnoldo Hax *The Delta Model: Reinventing your Business Strategy*, Springer, 2011.

Modelo Delta: Estrategias Genéricas

El Modelo Delta propone tres estrategias genéricas, que ubica en los vértices de un triángulo (FIGURA 3-1).

FIGURA 3-1

El triángulo. Las tres opciones y los ocho posicionamientos estratégicos del Modelo Delta

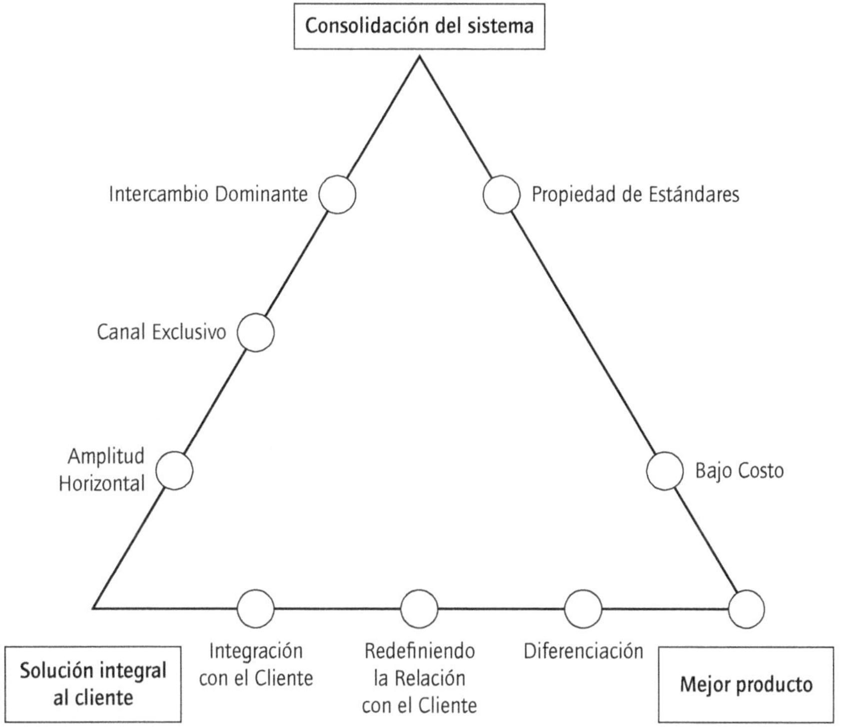

En la opción **Mejor Producto**, el cliente es atraído por la conveniencia del precio que se ofrece y por las características inherentes del producto ofrecido. Esto se consigue de dos formas alternativas:

1. **Bajo costo**, que consiste en la oferta al cliente de productos genéricos y no diferenciados a bajo precio, gracias a que se dispone de una infraestructura eficiente que lleva a una estructura de costos favorable.
2. **Diferenciación**, que consiste en la oferta al cliente de productos con distintas cualidades que lo hacen único y consiguen distinguirlo en el mercado, como

sus funcionalidades, apariencia o marca, y que llevan al cliente a aumentar su disposición a pagar por él.

En la opción **Solución Integral al Cliente**, este se siente atraído porque se le está ofreciendo algo que implica una completa respuesta a sus necesidades críticas, lo que es mucho más que un simple producto. Esto se consigue de tres formas alternativas:

1. **Redefiniendo la relación con el cliente**, para establecer una mayor cercanía y proximidad, lo que trae consigo una relación basada en la colaboración y la confianza, y no en la confrontación y la divergencia de intereses. Se busca proveer una experiencia única al cliente a través del ciclo completo de propiedad del producto adquirido a la empresa.
2. **Integración con el cliente**, que exige transferir capacidades sustanciales, conocimientos y servicios a las premisas del cliente, tanto para satisfacer sus necesidades críticas como para potenciar su rendimiento.
3. **Amplitud horizontal**, que consiste en la provisión de un espectro completo de productos y servicios que satisfagan la mayoría, si no todas, las necesidades importantes del cliente. Se ilustra bien con el *"one stop shopping"* (todas las compras en el mismo lugar) de supermercados y tiendas de departamentos.

En la opción **Consolidación del Sistema**, el dominio que la empresa tiene en el mercado es de tal magnitud que el cliente no tiene mejores opciones que las ofrecidas por ella. Su liderazgo es incontestable. Esto se consigue de tres formas alternativas:

1. **Propiedad de estándares**, que se logra por el desarrollo y registro de propiedad de los estándares de la industria y la captura de una extensa red de empresas complementarias que potencian la oferta de productos.
2. **Intercambio dominante**, que se manifiesta cuando la empresa se convierte en la interfaz preferida entre compradores y vendedores, la que resulta muy difícil de desplazar una vez que alcanza la masa crítica.
3. **Canal exclusivo**, que convierte a la empresa en la única fuente de las necesidades del cliente, pues hay barreras significativas que impiden a los competidores acceder a los clientes.

La empresa como una cartera de competencias: Diagnóstico estratégico

Las ocho posiciones estratégicas que emanan del Modelo Delta son la base para hacer un diagnóstico de las competencias de una empresa. Inicialmente, este modelo no se pensó para realizar un análisis de las competencias, pero fue un verdadero descubrimiento darse cuenta del potencial que tenía para explorar las competencias de la empresa con un sentido estratégico.

Hay dos preguntas que se deben hacer ocho veces cada una para utilizar el Modelo Delta en la determinación de las competencias de una empresa. Ilustremos estas preguntas con la primera de las posiciones estratégica (bajo costo):

1. **Competencias actuales:** ¿Cuáles son las competencias que la empresa posee y que le permiten tener un bajo costo?

2. **Competencias deseables:** ¿Cuáles son las competencias que la empresa debiera adquirir o desarrollar para alcanzar un bajo costo?

Este mismo par de peguntas se repite para todas las otras posiciones estratégicas del triángulo antes indicadas e ilustradas en la Figura 3-1 (diferenciación, redefiniendo la relación con el cliente, etc.).

Por consiguiente, para cada una de las posiciones estratégicas es preciso hacer una evaluación del grado de excelencia de la empresa, de los atributos que la hacen destacable, y de las correcciones y mejoras que se deben introducir a sus capacidades.

Esta descripción de la empresa la muestra como una cartera de competencias existentes y por adquirir. La brecha entre lo actual y lo deseado es la base del diagnóstico de competencias y lleva a la formulación de programas de acción estratégicos que es preciso ejecutar para resolver las carencias evidenciadas en este análisis.

Es muy importante en este punto considerar las competencias que la empresa debe poseer para establecer esa relación especial con los grandes actores de la empresa extendida a los que nos referíamos en el capítulo anterior. A modo de ejemplo, en el Recuadro "Competencias Actuales y Deseables de la empresa Putnam Mining Corporation" (introducida como ilustración en el capítulo anterior), se muestra el resultado de la aplicación de esta metodología.

COMPETENCIAS ACTUALES Y DESEABLES
DE PUTNAM MINING CORPORATION

Esta empresa se caracteriza por poseer competencias de enorme importancia que le permiten grandes ventajas competitivas, debido a su estructura de costos, la diferenciación de sus productos y sus capacidades comerciales, tecnológicas y logísticas, que tienen una cobertura global.

La FIGURA 3-2 resume las capacidades actuales de Putnam Mining relacionadas con su estructura de costos, capacidades de diferenciación de sus productos (en una industria en que prevalece la *comoditización*), su amplia cobertura (tanto de su cartera de productos como geográfica y su abanico de clientes) y sus enormes capacidades de distribución. Putnam Mining posee competencias extraordinariamente significativas y singulares en los tres vértices del triángulo (Mejor Producto, Solución Integral al Cliente, y Consolidación del Sistema). Eso es algo que no es fácil de replicar.

En la FIGURA 3-2 se puede apreciar por qué Putnam Mining es una empresa destacada en su sector en el mundo. Desarrolla, por ejemplo, operaciones a gran escala que le permiten alcanzar un bajo costo; dispone de un proceso moderno, eficiente y flexible de manufactura, y cobertura global que le permite una pronta entrega, diferenciando así sus productos y servicios para evitar la *comoditización*; la capacidad de producir una diversidad de productos para distintas necesidades de los clientes, lo que le posibilita ofrecer una amplia cartera de productos y servicios (amplitud horizontal); y capacidades tecnológicas, de manufactura y logísticas exclusivas (nadie más las tiene) para personalizar la propuesta de productos y servicios según las necesidades de los clientes.

El conjunto de estos atributos le da a Putnam Mining una flexibilidad en su gestión que resulta difícil de imitar y que constituye una fuente fundamental de su liderazgo competitivo.

La situación más comúnmente observada en esta industria es que las empresas que participan en ella tratan de obtener ventajas competitivas a través de su estructura de costos y capacidades de diferenciación del producto. Sin embargo, algunas empresas hacen el esfuerzo de ofrecer un servicio más completo, trasladándose del vértice derecho al izquierdo del triángulo. Pero son pocas las que buscan un posicionamiento dominante, como el que ofrece Putnam Mining a sus clientes en el vértice superior del triángulo.

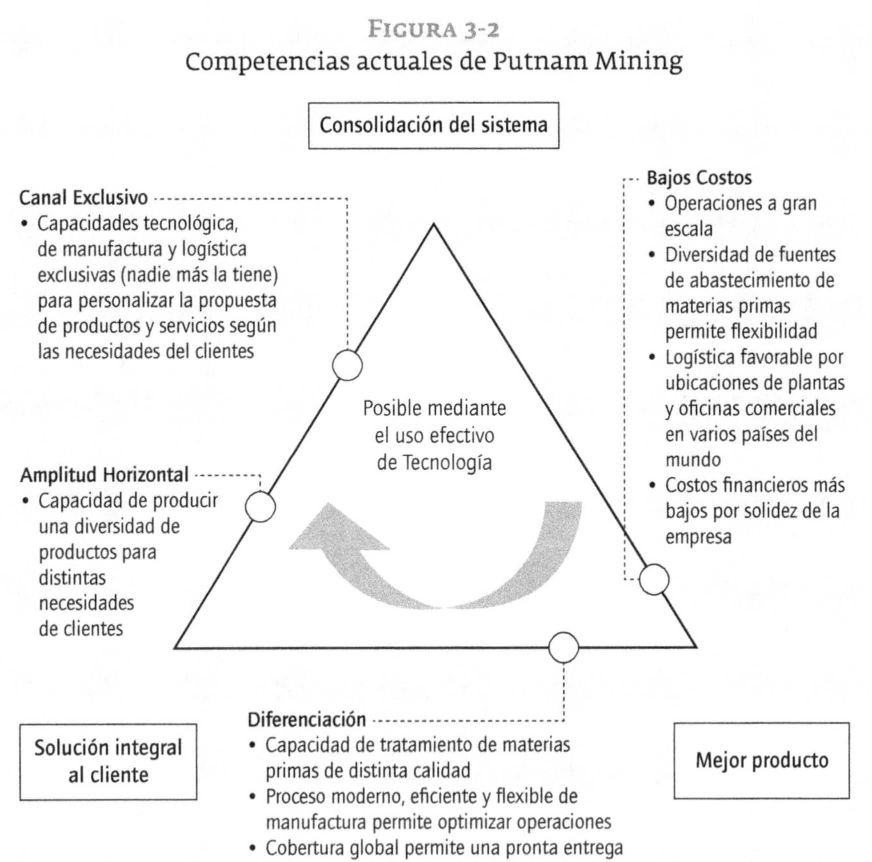

La FIGURA 3-3 establece las competencias deseadas. Ella muestra que Putnam Mining, en lugar de dormirse en sus laureles, incesantemente prosigue en la búsqueda de ventajas competitivas aun más significativas. Esto es lo que distingue a una empresa líder que persevera en la obtención de nuevos niveles de excelencia.

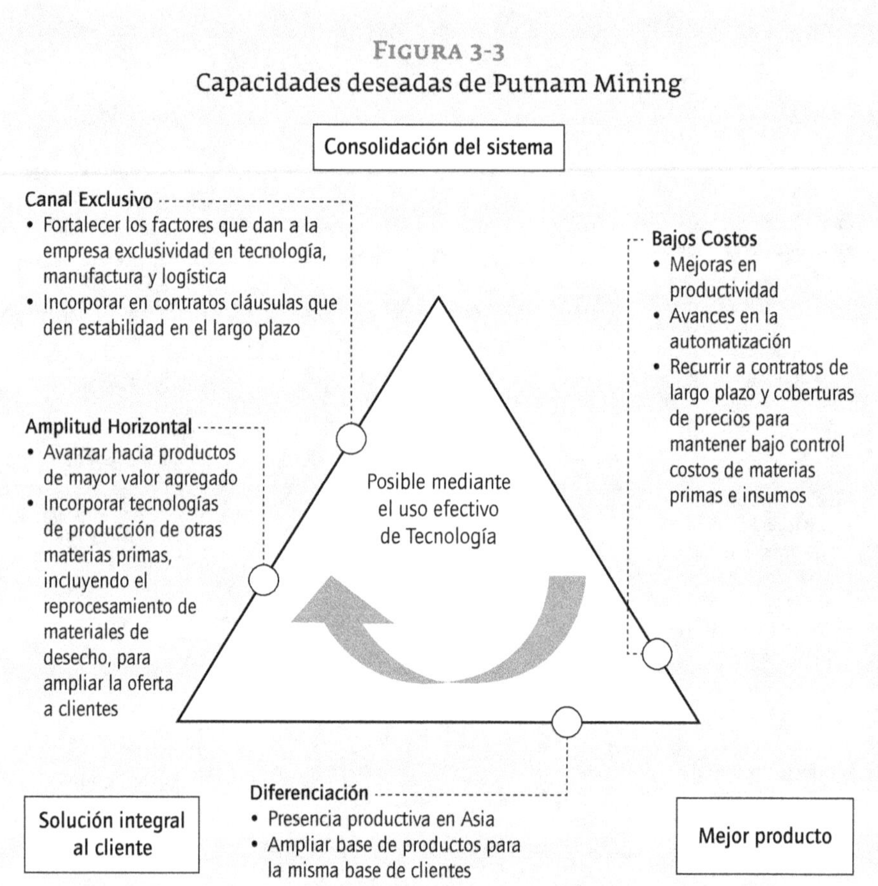

El posicionamiento futuro deseado de Putnam Mining identifica desafíos en las tres opciones estratégicas del triángulo. Se observa, por ejemplo, que para bajar aun más sus costos, los temas relevantes son productividad, automatización y el control de los precios de materias primas e insumos; para diferenciarse, una opción es mantener una presencia productiva en Asia; para ampliar los servicios a sus clientes, considera avanzar hacia productos de mayor valor agregado e incorporar tecnologías de producción de otras materias primas, incluyendo el reprocesamiento de materiales de desecho; y para tener una exclusividad mayor con sus clientes, fortalecer aun más su exclusividad en tecnología, manufactura y logística, y darle aun mayor estabilidad a los contratos con estos clientes especiales, todo lo cual le proporciona una ventaja extraordinariamente grande en relación con sus competidores.

Una crítica al método FODA.
La herramienta más popular en estrategia

El método FODA, que es una herramienta de evaluación que mira las Oportunidades y Amenazas en el entorno externo y las Fortalezas y Debilidades en el frente interno, es una de las metodologías más populares y extendidas que existen para hacer el análisis estratégico.

Las FODA, a nuestro juicio, introducen sesgos en el análisis que pueden llegar a ser muy severos si no se tiene conciencia de ellos, pues anclan a la empresa a su historia, en vez de favorecer la ruptura con el pasado. Esto por dos razones principales:

1. Si las fortalezas y debilidades se definen únicamente en relación con lo que hemos estado haciendo, es muy difícil (o imposible) escaparse del peso de la historia.

2. Si los competidores más relevantes se establecen como patrón de referencia, el resultado es el favorecimiento del *statu quo* y la imitación, que en último término llevan a la *comoditización* y a la mediocridad.

Las FODA no son una metodología apropiada para generar un cambio creativo, que singularice a la empresa en el entorno en que compite por la novedad y calidad de sus propuestas y le permita alcanzar un liderazgo en sus mercados. Por ello nuestra recomendación es utilizar para este efecto las ocho posiciones estratégicas del Modelo Delta y dejar de usar las FODA.

La misión.
Comunicación de los cambios y sus desafíos

La declaración de la misión de una empresa es un documento de gran relevancia, pues se utiliza como fuente de inspiración y guía de las acciones y decisiones en toda la organización.

Es común que la misión corresponda a una definición amplia del propósito de la organización, formulada por los fundadores para comunicar el sentido de la obra que han emprendido y los valores que la inspiran. Por ejemplo, Johnson & Johnson plantea que su objetivo fundamental es ofrecer productos y servicios de alta calidad, científicamente probados, que ayuden a sanar y curar las enfermedades, y que mejoren la calidad de vida. Lo esencial de su credo es poner las necesidades y el bienestar de las personas en el primer lugar[20].

Declaraciones de este tipo se caracterizan por comunicar con gran fuerza y convicción los valores de una empresa o institución. No se pueden cambiar. Son "el evangelio". Por ello, no es sorprendente que cuando le decimos a una empresa que queremos abordar en el proceso de planificación estratégica la definición de su misión, haya una gran resistencia a la idea, porque la misión es inmodificable, es el legado del fundador y se exhibe en un marco que se cuelga en todas las oficinas. No hay disposición a cambiar ni una coma.

Esta es una postura más que sensata y extremadamente respetable, pues nadie osaría desafiar un legado histórico de tanto significado para la organización. Pero no es a esto a lo que nos referimos cuando hablamos de misión de una empresa o institución, y es preciso reconocer en este punto que, desafortunadamente, el uso de los términos en estrategia no tiene un significado único, lo que se presta para algunas confusiones.

---

[20] "The fundamental objective of is to provide scientifically sound, high quality products and services to help heal, cure disease and improve the quality of life". Our Credo challenges us to put the needs and well-being of the people we serve *first*.

Lo que nosotros entendemos por misión de una empresa es un resumen estructurado del análisis estratégico que se ha realizado hasta ese momento, y que ha cubierto la segmentación y propuesta de valor a todos los actores relevantes, y el análisis de las competencias (FIGURA 4-1).

FIGURA 4-1

El proceso de definición de la Misión y de la Agenda Estratégica

La misión incluye una definición del ámbito de acción en varias dimensiones (producto, servicios, clientes, usuarios finales, canales, empresas complementarias, área geográfica) y de las competencias distintivas.

Esta definición se hace para el momento actual y para un momento futuro, de modo que la definición de ámbito y de competencias engloba lo existente y lo deseado (ver FIGURA 4-2 y Recuadro "La Misión de Putnam Mining Corporation").

FIGURA 4-2
La definición de la Misión

Ámbito	Actual	Futuro	Desafíos
Productos			
Servicios			
Clientes			
Usuarios Finales			
Canales			
Empresas Complementarias			
Área Geográfica			
Competencias Distintivas			

Declaración de la Misión

____
____
____
____
____

La brecha entre lo existente y lo deseado es la base sobre la que se construye posteriormente la Agenda Estratégica, que traduce la estrategia en términos de programas de acción bien definidos.

Esta forma de entender la misión tiene varias características:

1. La misión no es una declaración estática que permanece en el tiempo, sino que, muy por el contrario, trata de captar integralmente la transformación y cambios que se busca llevar adelante en la organización.

2. El objeto central de la misión es describir el estado actual de la empresa a través de ciertas dimensiones críticas y luego proponer el estado futuro al que queremos llegar.
3. La misión es el puente entre el análisis previo (segmentación y propuesta de valor a los actores relevantes; competencias existentes y deseadas) y la definición de la Agenda Estratégica. El contraste entre lo existente y lo deseable es lo que se emplea para identificar los principales desafíos que deben ser incluidos en la definición de la Agenda Estratégica.
4. La misión, por consiguiente, capta esta transformación y reviste una gran fuerza comunicacional, tanto dentro como fuera de la empresa, para revelar el cambio que queremos implementar.

El ejemplo de la misión de Putnam Mining Corporation, incluido en el recuadro, muestra con claridad lo que consideramos una declaración adecuada de misión. Se caracteriza por lo siguiente:

1. Hay un claro planteamiento de la misión como tal, el cual resume los elementos fundamentales que caracterizan a la empresa, enfatizando la transformación que se quiere llevar adelante. Este aspecto se vuelve a recoger en las conclusiones que se incluyen al término de la declaración de la misión.
2. La misión se define en términos del cambio en las ocho dimensiones antes indicadas (productos, servicios, clientes, usuarios finales, canales, empresas complementarias, área geográfica y competencias).
3. En cada una de estas dimensiones se describe la situación existente y la deseable en el futuro. Este diagnóstico, expresado en la misión como la brecha entre lo existente y lo deseado, es la base de la agenda estratégica.

Un punto que no debe tomarse a la ligera es la selección de las palabras que van a utilizarse para escribir la misión. Ella debe expresarse en un lenguaje vivaz, que genere entusiasmo, pues es un tremendo medio de comunicación que informa cuál es la esencia de la empresa y la naturaleza del cambio que se busca impulsar.

Internamente, en la organización todas las personas deben hacer suya la misión, adherir a ella y entusiasmarse con sus propuestas, y así esta va a ser una guía del comportamiento individual y colectivo, y una manera efectiva de ordenar el quehacer empresarial.

Externamente, a las audiencias que son relevantes en la marcha de la empresa, la misión les comunica el sentido de la organización, su búsqueda de creatividad y excelencia, la imagen de lo que la empresa es y lo que plantea hacer, toda ella información muy relevante para formarse una opinión sobre la proyección de la empresa en el futuro.

LA MISIÓN DE PUTNAM MINING CORPORATION

Putnam Mining es una empresa destacada en el mundo por su capacidad de procesar diversas materias primas provenientes de la minería, lo que nos permite ofrecer una amplia gama de servicios y productos intermedios y finales, para atender las necesidades de nuestros clientes en diversas industrias.

Ámbito de productos y servicios
Nuestro esfuerzo está orientado a seguir desarrollando nuestras capacidades de procesamiento, para ampliar el rango de materias primas que estamos en condiciones de tratar, y nuestra cartera de productos y servicios hacia productos con mayor valor agregado.

Ámbito de clientes
Queremos distinguirnos por nuestra capacidad de establecer una relación personalizada y de confianza con nuestros clientes, preocupándonos de responder a todas sus necesidades con soluciones novedosas que les permitan alcanzar un mejor desempeño técnico y económico en sus operaciones.

Ámbito geográfico y canales
Somos una empresa con vocación global, por lo que se intentará tener presencia en aquellos mercados en que no estamos, priorizando los que son más críticos para nuestra eficiencia y calidad de atención

Ámbito competencias
Tenemos las capacidades técnicas y de comercialización para cumplir la promesa que hacemos a nuestros clientes y otros actores relevantes, pero debemos esforzarnos para seguir mejorándolas, porque esto es lo que nos va a diferenciar de otras empresas mineras.

Pero lo que verdaderamente nos distingue es nuestra capacidad de atraer a profesionales jóvenes de gran talento y con la disposición de hacer sus mejores esfuerzos para contribuir al engrandecimiento de la empresa y a la calidad de nuestro ambiente de trabajo.

De este modo esperamos hacer de Putnam Mining no solo una empresa más rentable para sus inversionistas, sino también transformarnos en el proveedor preferido de productos y servicios a nuestros clientes, por el beneficio que les creamos, y en el mejor lugar para trabajar de nuestros empleados.

ÁMBITO PRODUCTO

Actual

- Cartera integral de productos para servir a nuestros clientes en la industria metal-mecánica.
- Productos especiales para servir a nuestros clientes en la industria química.

Futuro

- Fortalecimiento de nuestra línea de productos para avanzar hacia productos de mayor valor agregado.
- Ampliación de la cartera de productos ofrecida a los clientes de la industria química.
- Ampliación hacia diversos productos derivados de otras materias primas provenientes de la minería.
- Ampliación hacia productos derivados del reprocesamiento de desechos y otros materiales que pueden servir como fuente de materia prima.

ÁMBITO SERVICIOS

Actual

- Servicios de procesamiento eficiente de materias primas de diversa calidad provenientes de la minería.
- Servicios de reproceso de desechos y otros materiales.

Futuro

- Avanzar en la personalización de la oferta de nuestros servicios, aprovechando los avances en tecnología (particularmente TI) y comercialización. Queremos ser percibidos como diferentes, para no caer en la "trampa de la *comoditización*" de nuestros clientes.
- Utilización de internet para ampliar nuestros servicios de asistencia remota a todos nuestros clientes.

ÁMBITO CLIENTES

Actual

- Nuestros clientes actuales se concentran en las industrias metalmecánica y química.

Futuro

- Avanzar en la atención personalizada de todos nuestros clientes.
- Ampliar la cobertura geográfica a las áreas que hemos definido como prioritarias.
- Desarrollar un Banco de Datos de Clientes granular, que nos permita atender a cada cliente en forma individual, a la vez que contar con información de nuestras ventas y rentabilidades, actuales y potenciales, para cada uno de ellos.

ÁMBITO USUARIOS FINALES

Actual

- No contamos con información de buena calidad de los clientes de nuestros clientes.

Futuro

- Incorporar en la ficha de cada cliente en el Banco de Datos información sobre sus propios clientes, para entender mejor la naturaleza de sus necesidades y desafíos, y así mejorar la propuesta de valor que les hacemos.
- La ampliación de nuestra oferta de productos y servicios debe aprovecharse como fuente de información de las necesidades que tienen los clientes de nuestros clientes.

ÁMBITO CANALES

Actual

- Hoy tenemos canales directos (propios) e indirectos (a través de agentes) para la atención de nuestros clientes en distintas áreas geográficas.

Futuro

- Avanzar hacia una mayor cobertura de nuestros canales directos (propios)
- Preferir canales indirectos (a través de agentes) mientras nuestro conocimiento y dominio de un área geográfica sea limitado, y consideremos ventajoso contar con un distribuidor local.

ÁMBITO EMPRESAS COMPLEMENTARIAS

Actual

- Aunque usamos aún limitadamente nuestras empresas complementarias, tenemos una relación que ha demostrado ser beneficiosa con las empresas proveedoras de la industria metalmecánica.

Futuro

- Profundizar la relación y explorar nuevas oportunidades con las empresas proveedoras de la industria metalmecánica.
- Establecer una relación con las empresas proveedoras de la industria química.

ÁMBITO GEOGRÁFICO

Actual

- Nuestra presencia es fuerte en Europa y las Américas.
- Nuestra presencia es aún débil en Asia.

Futuro

- Aumentar nuestra presencia en Asia, sin debilitar lo que tenernos en Europa y las Américas.

ÁMBITO COMPETENCIAS PROPIAS

Actual

- Nuestras mayores competencias se derivan de una tecnología moderna y limpia, respetuosa del medio ambiente, con una estructura de costos eficiente, y gran flexibilidad de producción, lo que nos permite tratar una diversidad de materias primas.
- Nuestro Banco de Datos de Clientes es aún muy limitado.
- Somos una empresa atractiva para profesionales jóvenes de gran talento.
- Somos una empresa financieramente sólida y atractiva para sus inversionistas.

Futuro

- Seguir mejorando nuestra eficiencia y productividad, para mantener nuestros costos bajo control. Particularmente, incorporar tecnologías de información y modernización de nuestras capacidades logísticas.
- Seguir perfeccionando el Banco de Datos de Clientes, para contar con información detallada de cada uno de ellos.
- Incorporar también a este Banco de Datos de Clientes información sobre usuarios finales.
- Hacer nuestros mejores esfuerzos para que nuestra empresa siga siendo atractiva para profesionales jóvenes de gran talento, y perfeccionar nuestras políticas de selección, desarrollo y retención de los más capacitados y comprometidos con la empresa.
- Continuar con un eficiente manejo de nuestros recursos financieros, otorgando rentabilidades adecuadas a nuestros inversionistas.
- Cuidar nuestra calificación financiera y rentabilidad, para mantener nuestro prestigio en los mercados y el atractivo para los inversionistas. En particular, hacer una gestión profesional de los riesgos que enfrentamos.
- Aprovechar nuestra solidez para crecer vía adquisiciones en áreas que fortalezcan nuestro negocio principal.

CONCLUSIONES DE LA MISIÓN

- Somos una empresa que asume sin temor el cambio en productos, servicios, lugares en que estamos presentes, y la ampliación de nuestras capacidades comerciales y tecnológicas.
- El compromiso con nuestros clientes es una responsabilidad principal, por lo que nuestro esfuerzo permanente está orientado a mejorarles la Propuesta de Valor que les hacemos, para lo cual el desarrollo de un Banco de Datos de Clientes, con información detallada de cada uno de ellos, es un imperativo estratégico.
- Nos comprometemos a hacer las inversiones que nos permitan llevar adelante los cambios que surgen de esta Misión, pues es la forma de seguir avanzando hacia una mayor excelencia.

5 La Gestión Estratégica. El alineamiento entre estrategia, estructura, procesos y desempeño

Estrategia orientada a la acción

La estrategia no puede limitarse a declaraciones generales que no logran comunicar el verdadero desafío que significa para la organización llevarla a la práctica. Declaraciones grandilocuentes pueden ser muy llamativas e inspiradoras (e incluso necesarias), pero no son suficientes. Por ello es indispensable definir la Agenda Estratégica, que es tal vez el paso más crucial del proceso de planificación, porque establece en forma pragmática una definición de la estrategia orientada a la acción.

La Agenda Estratégica consiste en un conjunto de Programas de Acción bien definidos que la empresa debe ejecutar para conseguir la transformación deseada, y así alcanzar un alto grado de excelencia que la posicione, dentro de lo posible, como líder del sector.

El origen de estos programas corresponde a los pasos anteriores en el proceso de planificación, es decir (FIGURA 5-1):

1. Segmentación y propuesta de valor a los actores relevantes;
2. Competencias existentes y deseadas de la empresa; y
3. La misión del negocio.

Los tres pasos anteriores corresponden al proceso de reflexión realizado hasta este momento, que típicamente se lleva adelante en uno o varios talleres de planificación, con la ayuda de un facilitador. La Agenda Estratégica no es un invento sin fundamento, sino que surge de un análisis lógico en dicho proceso de reflexión. La Agenda Estratégica es, entonces, la síntesis de ese proceso.

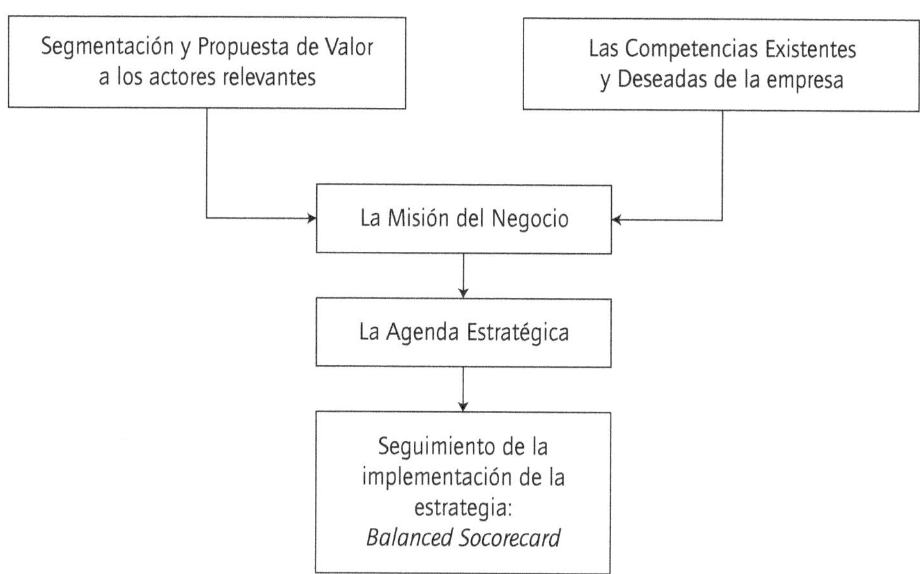

FIGURA 5-1
El proceso de definición de la Agenda Estratégica

Ilustración del Proceso de Definición de la Agenda Estratégica y su Alineamiento con la Estructura, Proceso y Desempeño: El Caso de Putnam Mining Corporation

El primer paso en el proceso de definición de la Agenda Estratégica es la segmentación de clientes. Este paso ya se trató en el capítulo 2, desarrollándose allí el ejemplo de Putnam Mining Corporation, por lo que no se repite aquí.

El segundo paso es la definición de competencias existentes y deseadas, que se trató en el capítulo 3, incluyéndose allí el ejemplo de Putnam Mining Corporation, por lo que no se repite aquí.

El tercer paso es la definición de misión, que se trató en el capítulo 4, en el cual se incluyó el ejemplo de Putnam Mining Corporation, por lo que no se repite aquí.

Corresponde ahora construir la Agenda Estratégica a partir de estos antecedentes. Esta se presenta, para el caso de Putnam Mining Corporation, en la carta de la TABLA 5-1, que tiene una gran riqueza de información y poder de síntesis de lo ya hecho y de lo que hay que hacer; por ello la llamamos la "carta mágica". La correcta construcción de esta carta es lo que permite el alineamiento entre estrategia, estructura, proceso y desempeño.

Tabla 5-1
La "carta mágica" en el caso de Putnam Mining Corporation

Agenda Estratégica: Programas de Acción	Ranking	Unidades de la Organización										Proceso	Indicadores de Desempeño
		P. Ejecutivo	VP. Ejecutivo	VP. Comercial	VP. Manufactura	VP. Legal	VP. Nuevos Negocios	VP. Prod. Especiales	G. Abastecimiento	G. Logística	G. Tec. Información		
Priorizar contratos para materias primas no estándar	1	2				2		1	2			EC	Margen
Reducir costos y aumentar productividad	2				1	1	1				1	EO	Cambio en el costo
Fomentar contratos de largo plazo	3		1			2		1				EC	% contratos de largo plazo
Mejorar la Proposición de Valor a clientes industria química	4		1		2			1			1	EC-I	Margen, participación
Mejorar la Proposición de Valor a clientes industria metal-mecánica	5		1	1			1				1	EC-I	Margen, participación
Ampliar actividades en Asia	6	2					1				2	N	Participación local
Asegurar abastecimiento de materias primas para productos especiales y revisar su política de precios	7			1				2	2			EC-I	Cantidad producida
Ofrecer servicios especiales a clientes grandes que hoy prefieren productos *comoditizados*	8			1						2	1	EC	Aumento participación de estos clientes en la cartera
Llevar adelante proyecto para mejorar la logística	9			1		2				2	1	EO	Hitos del proyecto
Programa de visitas a clientes para establecer relaciones personalizadas con todos ellos	10	1	1	1	2	2		1				EC	Informes de visitas
Implementar proyecto de TI, particularmente la Base de Datos de Clientes	11		1	2				2			1	EC	Hitos del proyecto
Propuesta de valor para clientes especiales y clientes de nuevos negocios	12			1			1		2		1	EC	Margen, participación

1   Rol clave en la formulación e implementación.
2   Rol importante de soporte y participación.
1   Identifica al Líder, encargado de la ejecución del Impulso Estratégico (*"champion"*).

N   Modelo del Negocio
EO   Eficiencia Operacional
EC   Enfoque al Cliente
I   Innovación

La explicación de este resultado la desarrollamos en cuatro secciones:

1. Interpretación de la "carta mágica";
2. Diagnóstico que emerge de la "carta mágica";
3. Evaluación de la calidad de la Agenda Estratégica; y
4. Fundamentos de la "carta mágica".

Interpretación de la "carta mágica"

El resultado de los tres pasos previos a la construcción de la "carta mágica" se resume en términos de la Agenda Estratégica (que corresponden a programas de acción de carácter general que deben llevarse a cabo para ejecutar la estrategia), los cuales aparecen listados en la primera columna de la tabla, en el orden de prioridad que se les asignó (segunda columna). Por ejemplo, el programa "Ampliar actividades en Asia" está sexto en la lista.

En las columnas siguientes aparecen las unidades de la organización que deben participar en la materialización de estos programas. Para un programa cualquiera, los participantes que tienen un rol clave en la formulación más detallada e implementación de los programas de acción aparecen con el número "1"; y si tienen un rol importante de soporte y participación, aparecen señalados con el número "2". En el programa 3 del ranking ("Fomentar contratos de largo plazo"), hay dos "1" asignados y un "2". Cuando existe más de un 1 (como ocurre en este caso), se señala con color gris oscuro al "champion", quien tiene la responsabilidad por la materialización del Programa de Acción Estratégico.

Las últimas dos columnas de la carta son "procesos" e "indicadores de desempeño". La naturaleza de los procesos puede ser de los siguientes tipos:

- "EO" es Eficiencia Operacional, que corresponde a Programas de Acción Estratégicos cuyo propósito es mejorar la estructura de costos.
- "EC" es Enfoque al Cliente, que son procesos orientados a mejorar la posición de la empresa en el cliente y, por lo tanto, la estructura de ingresos.
- "I" es Innovación, vale decir, renovación y creatividad tanto en productos como en la forma de atender al cliente.
- "N" se refiere a una actividad que afecta a la gestión completa del negocio.

Los indicadores de desempeño en la última columna de la carta son de dos tipos: cronológicos (cumplimiento de hitos) y de medición del logro del Programa de Acción. Por ejemplo, el indicador para el programa 9 ("llevar adelante proyecto para mejorar la logística") es el cumplimiento de "hitos del proyecto", mientras que para el programa 2 ("reducir costos y aumentar productividad") es el "cambio en el costo".

Diagnóstico que emerge de la "carta mágica"

Esta carta posee una enorme capacidad de diagnóstico:

1. Nos comunica las grandes tareas de la Agenda Estratégica ordenadas según su prioridad y todas tienen una clara asignación de responsabilidades. Podemos entonces analizar cada fila para identificar quiénes están comprometidos en su ejecución, y cada columna para verificar qué responsabilidades le caben a cada uno de los grandes actores de la empresa.

2. La distribución de las tareas entre los participantes debe ser consistente con la responsabilidad de cada persona en la empresa (por ejemplo, si el programa tiene que ver con las personas, sería impensable que no participe el encargado de Recursos Humanos) y equilibrada (no debe concentrarse excesivamente en unas pocas personas, ni cargarse en áreas de servicio en desmedro de responsabilidades de línea o viceversa).

3. La densidad de la matriz resultante comunica el grado de interrelación que existe entre las distintas personas que participan en la gestión y, en cierto modo, la complejidad que tiene el manejo de esta agenda. Si la matriz fuese muy densa, la alta exigencia de interrelaciones le restaría agilidad a la gestión. Si fuese poco densa, por el contrario, tal vez no estaría captando adecuadamente las interdependencias que existen entre los distintos ejecutivos.

4. La penúltima columna ("Proceso") indica la naturaleza de los procesos ("EO", "EC", "I", "N"), por lo que la simple observación de la carta muestra el énfasis de la Agenda Estratégica. Es importante observar el equilibrio entre los distintos tipos de procesos. En este caso, la Figura 5.2 pone de manifiesto el predominio de "EC" (Enfoque al Cliente), lo cual no implica que deje de haber iniciativas que tienen relación con eficiencia operacional e innovación.

5. La última columna presenta los indicadores de desempeño. El criterio de selección de estos indicadores es clave, porque deben recoger la aspiración del tipo de empresa que se quiere y constituyen la base para el otorgamiento de compensaciones asociadas a la evaluación de desempeño. Estos indicadores están en el centro de lo que podríamos llamar Sistema de Información Ejecutivo (*Executive Information System*), que está orientado a dar respuesta a las necesidades de información y seguimiento que tienen los estamentos superiores de la empresa.

Evaluación de la calidad de la Agenda Estratégica

La calidad de la Agenda Estratégica se evalúa examinando cinco características a través de los test siguientes, los que se ilustran en la TABLA 5-2 para el caso de Putnam Mining Corporation:

1. **Exhaustividad**
   ¿Cuán comprehensiva es la totalidad de la Agenda Estratégica? ¿Incluye todos los elementos fundamentales para definir el curso deseable de la empresa?

2. **Desafío (*"Stress"*)**
   ¿Cuál es el grado de exigencia que la agenda impone a la organización?

3. **Facilidad de implementación**
   ¿Se cuenta con los recursos físicos, financieros, humanos, de información y la capacidad de gestión para llevar adelante exitosamente la implementación de la agenda y hacer su seguimiento?

4. **Calidad del ambiente de trabajo**
   ¿Se consigue con la agenda un contexto estimulante que permita un alto grado de satisfacción personal y colectiva o, por el contrario, se está imponiendo cierta rigidez que inhibe la expresión de las capacidades de la gente y la creatividad individual?

5. **Vulnerabilidades**
   ¿Qué eventos externos o condiciones internas podrían atentar contra el logro de las aspiraciones contenidas en la agenda?

Fundamentos de la "carta mágica":
No basta con formular la estrategia

La "carta mágica" es la forma de alinear cuatro elementos claves para el éxito de la implementación de la estrategia: Agenda Estratégica, estructura, procesos y desempeño-incentivos, los que se recogen en la carta de un modo elocuente y simplificado. Las medidas de desempeño, sobre todo cuando se acompañan de un sistema de remuneraciones concordante, condicionan fuertemente tanto el comportamiento individual como colectivo, lo que implica que son determinantes para establecer la cultura de la empresa (FIGURA 5-2).

TABLA 5-2

Test para evaluar la calidad de la Agenda Estratégica en el caso
Putnam Mining Corporation

Exhaustividad	La Agenda incorpora todas las acciones relevantes para mejorar el posicionamiento de Putnam Mining en todos los escenarios y mercados del mundo.
Desafío (*"Stress"*)	Desafío exigente, porque nos hemos propuesto un plazo de implementación breve (no más de tres años) de la Agenda Estratégica completa.
Facilidad de implementación	Tenemos casi todas las capacidades necesarias para abordar exitosamente la Agenda. Necesitamos poner atención en TI y Logística.
Calidad del ambiente de trabajo	Nuestro ambiente de trabajo, que hoy es muy estimulante para todos nuestros empleados, lo va a ser aún más por el desafío que implica la nueva Agenda Estratégica.
Vulnerabilidades	Creemos que no existen serias condiciones de vulnerabilidad externa o internas en este momento, pero hay que estar atentos a las crisis.

FIGURA 5-2

Las componentes de la Gestión Estratégica

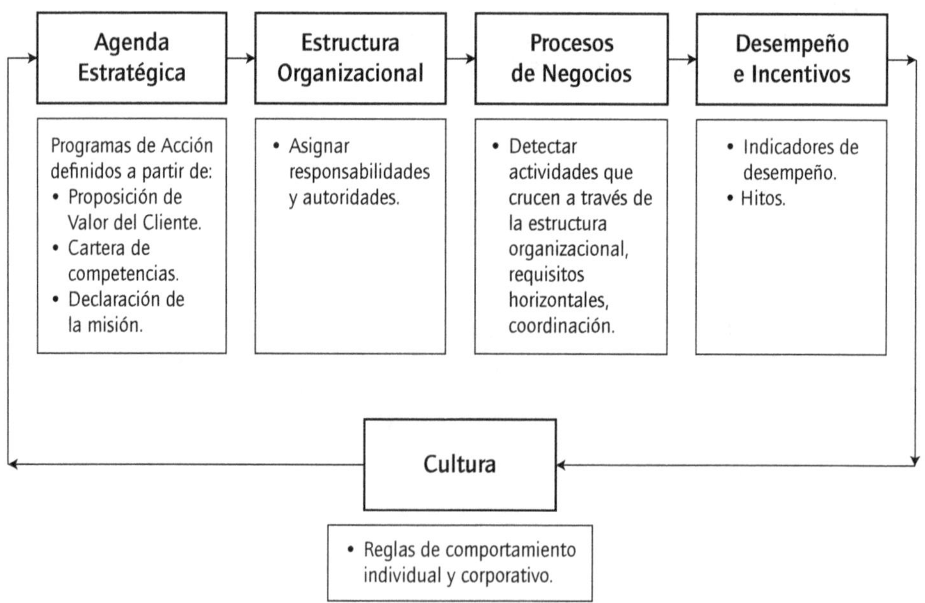

Esta necesidad de ampliar el foco de la estrategia hacia los otros temas es un recordatorio de que la simple formulación de la estrategia deja la tarea incompleta. Es preciso movilizar a toda la organización si se pretende tener éxito en su implementación. La forma de conseguirlo es lo que se define sintéticamente en la "carta mágica".

La Agenda Estratégica y su ordenamiento según su prioridad es el punto de partida. A continuación, la responsabilidad por su ejecución se asigna a personas clave en la estructura organizativa existente, quienes deben detallar la forma de llevar adelante esta agenda, definida en términos de un conjunto de Programas de Acción. Debido a la inherente complejidad de estos programas, la responsabilidad por su materialización no recae exclusivamente en una persona de la organización, sino que es compartida por un grupo de actores importantes que deben trabajar como un equipo bien integrado bajo la coordinación del "champion" del programa de la agenda. Esto es lo que llamamos un "proceso". Para su éxito se requiere un alto grado de coordinación entre todos los participantes, los que no se encuentran necesariamente en dependencia jerárquica unos de otros. Por el contrario, la correcta ejecución de los Programas de Acción asociados de la Agenda Estratégica requiere de coordinación horizontal y del compromiso de actores que no tienen un grado de subordinación entre sí. Finalmente, en el último paso, se definen los indicadores necesarios para la medición de desempeño, que permiten hacer el seguimiento y evaluar el logro de estos programas.

La última de las componentes de la Gestión Estratégica es la cultura, que tiene una naturaleza diferente a las anteriores, pero está íntimamente ligada con ellas. Por una parte, estrategia, estructura, procesos y medición de desempeño e incentivos van generando valores y normas de comportamiento individual y colectivo que afectan profundamente el modo de ser y de comportarse de la organización. Por otra, estas mismas componentes no pueden definirse sin prestar atención a la tradición y cultura de la organización (su *ethos*), pues sería contraproducente. Por ejemplo, no puede esperarse que una empresa no considere el lucro en sus decisiones, del mismo modo que no parece apropiado que una institución de beneficencia deje de cumplir su misión porque una actividad no le resulta rentable.

Tal vez sea difícil entender lo que es cultura y describirla con precisión, pero sabemos perfectamente reconocerla cuando estamos en contacto con una institución de alta calidad, que exhibe un claro liderazgo dentro de su sector, por lo que no podemos ignorarla en la gestión de una empresa o institución.

El *back-end* y el *front-end*. Nuevos desafíos en el alineamiento de estrategia y estructura

"Structure follows strategy" (la estructura sigue a la estrategia) fue el principio básico de organización que originalmente formuló el historiador y profesor Alfred Chandler en un estudio legendario que realizara a comienzos de los 60, sobre los cambios en la estructura organizativa de las grandes empresas de principios del siglo XX en EE.UU. Fue el descubrimiento de una nueva forma de estructurar la organización: de la forma funcional tradicional se pasó a la organización divisional, porque las empresas avanzaron en una estrategia de diversificación que requería manejar eficientemente una cartera más heterogénea de negocios. De allí concluyó Chandler que era a partir de la estrategia que se debía definir la estructura. Y es por esto que nuestra recomendación ha sido siempre que nos piden una opinión sobre la organización de una empresa o institución, que es preciso definir primero la estrategia.

El capítulo anterior sobre la Agenda Estratégica plantea la necesidad de expresar la estrategia en la forma de programas de acción bien definidos que permitan llevarla a toda la organización a fin de facilitar su implementación. Las responsabilidades y las medidas de desempeño deben quedar bien definidas. La "carta mágica" es clave en el alineamiento entre estrategia, estructura, procesos y mediciones e incentivos.

En este capítulo se hace una pregunta que es todavía más exigente, pues se analiza si la organización que hoy tiene la empresa facilita la implementación de su estrategia o necesita ajustes. Es una prueba más de alineamiento. Esto porque si la estructura no está alineada con la estrategia, va a ser una cortapisa para su correcta implementación. La estrategia no va a poder ser la que se ha definido, sino aquella que la estructura permite. Por ejemplo, si una empresa decide expandirse internacionalmente y no existe en la organización nadie que formalmente tenga asignada esa responsabilidad, va a ser preciso crear una unidad en la organización que tenga este foco, pues de lo contrario la estrategia de expansión internacional no resulta posible.

Segmentación: *front-end* y *back-end*

El primer paso en la definición de la estructura de una organización es la segmentación de las grandes tareas y responsabilidades que se deben abordar. Las tareas son tan complejas que no pueden ser ejecutadas por un solo individuo, por lo que es preciso segmentarlas para establecer deberes que sean accesibles para una persona. Y para que estas tareas tengan un sentido de unidad adecuado, es necesario definir una jerarquía y establecer variados procedimientos y formas de gestión para coordinarlas e integrarlas efectivamente.

Por otra parte, la estrategia es un proceso reflexivo de identificación de los grandes temas que deben atenderse en la empresa, lo que lleva a la segmentación de clientes, competencias y, en la misión, a identificar las grandes dimensiones que implican el quehacer de la organización, que incluye otros actores relevantes, como proveedores, empresas complementarias y canales.

¿Qué significa entonces el alineamiento entre estrategia y estructura? Es el alineamiento entre estos dos procesos de segmentación. Para entender esto, ayuda conceptualizar la estructura de la organización en términos de dos grandes áreas: el *back-end* y el *front-end*. El *back-end* es todo lo relacionado con producción, abastecimiento, tecnología, distribución, logística y varias otras funciones de apoyo, donde residen las capacidades de desarrollo de nuevos productos, la forma adecuada de producirlos y hacerlos llegar a los clientes, así como los procesos administrativos y financieros de apoyo. El *front-end*, por el contrario, es la forma en que la empresa se relaciona con el cliente-consumidor e incluye comercialización, ventas, marketing y servicios, para los distintos segmentos que atiende. Pero muy importantemente, se requiere una identificación personalizada de cada cliente. Con el advenimiento de la computación e internet se puede decir, aunque parezca exagerado, que la estrategia se hace de un cliente a la vez. Esto implica que necesitamos tener las capacidades para identificar a cada cliente individualmente, conocer sus necesidades y competencias, y ser capaces de ofrecer una propuesta de valor totalmente personalizada. Esto que habría sido impensable no muchos años atrás, hoy es el estándar de atención y es un prerrequisito para competir.

Las actividades del *back-end* se reflejan en los costos de la empresa. De allí que un *back-end* bien concebido lleve a una estructura de costos favorable. El *front-end*, en cambio, se refleja en los ingresos de la empresa, por lo que una adecuada segmentación y un conocimiento profundo de los clientes se van a traducir en una atención adecuada y en un vínculo perdurable, que es la base de una generación de ingresos sólida y sostenible.

Lo común en una empresa es que tenga muy bien desarrollado el *back-end* y sea tremendamente limitada en el *front-end*, sin una verdadera capacidad de entender, atraer y retener a sus clientes. Su servicio deja mucho que desear y no tiene una real capacidad de excelencia de cara al cliente. Es una empresa orientada al producto más que al cliente[21], cuyo riesgo más significativo es la *comoditización* de productos y clientes.

Pero dado que hay que prestar atención tanto a ingresos como a costos, el mensaje no es que haya que dejar de atender el *back-end* para prestar atención al *front-end*, sino que se debe dar atención simultáneamente y en forma equilibrada a ambas partes de la organización. Al *back-end* hay que agregarle el *front-end* para establecer realmente un balance que le dé madurez y prestancia a la organización. La cara hacia el cliente debe responder a la promesa que se le ha hecho (la propuesta de valor), mientras que la cara interna debe asegurar la capacidad de cumplir con esa promesa. Solo así va a ser posible tener una organización eficaz, alineada con la estrategia y operacionalmente eficiente.

En el corazón de la definición de una estructura organizacional está la asignación de autoridad y responsabilidad. Por responsabilidad se entiende la asignación de las tareas que se le encargan a una persona. Por autoridad se entiende los recursos que una persona va a tener a su disposición para que pueda completar las tareas y cumplir adecuadamente con la responsabilidad que se le ha asignado.

En esta visión de la estrategia que se enfoca en las relaciones con los actores relevantes, la naturaleza de estas responsabilidades cubre un amplio abanico que se extiende a todos los actores de la empresa extendida. La empresa es parte de un sistema y debe tener las formas organizacionales para relacionarse con todos los actores relevantes. Solo que la fortaleza de la relación con algunos de ellos ha sido más fuerte en el pasado (proveedores, canales), por lo que se debe priorizar la relación con quienes hoy están más alejados de la atención de la empresa (clientes y empresas complementarias).

---

[21]   *Product centric mentality.*

La importancia del Banco de Datos de Clientes. No juegues el partido a ciegas

El enorme avance que han tenido las tecnologías de información y comunicación, la popularización de su uso y la gigantesca cantidad de datos que esto genera sobre el consumidor han cambiado la forma en que hoy se hace estrategia.

No obstante lo anterior, parece que la mayoría de las empresas no conocen a sus clientes. No saben con precisión quiénes son, sus características, preferencias, necesidades específicas y la importancia que tienen para la empresa medida en términos de los ingresos y utilidad que hoy generan, y su potencial de crecimiento y rentabilidad. No cuentan con un Banco de Datos de Clientes (BDC) con información granular, es decir, singularizada para cada uno de ellos. Esto es hoy un requerimiento fundamental. Ignorar esta información es jugar el partido a ciegas.

Son varias las consideraciones que es preciso hacer para construir un BDC "inteligente".

Crecimiento y rentabilidad

La marcha de una empresa queda reflejada en dos indicadores de gran relevancia, que constituyen un resumen de su actuar: crecimiento y rentabilidad. No pueden estar ausentes de cualquier análisis de desempeño. Son los grandes imperativos que sintetizan lo que es una gestión adecuada y no pueden mirarse separadamente. No se trata tan solo de crecer, porque si la rentabilidad es negativa, esta es una receta para destruir valor; ni tampoco de maximizar la rentabilidad sin crecimiento, pues esto también deteriora la creación de valor. El crecimiento magnifica la rentabilidad de la empresa si está obteniendo resultados favorables, o acelera su menoscabo si está arrojando pérdidas. Crecimiento con rentabilidad es la receta para crear valor en forma importante.

Información granular

El mundo es no lineal y, por consiguiente, los promedios y la agregación de información son engañosos. Los promedios no existen, son una abstracción, pues no se refieren a ningún cliente en particular. Es equivocado limitar la información a los promedios. Un ejemplo puede aclarar el punto. En la FIGURA 7-1 se muestra un caso real donde se observa la distinta contribución que hacen 21 clientes al EBIT de una empresa.

FIGURA 7-1
Un ejemplo real de la contribución de 21 clientes al EBIT (US$)

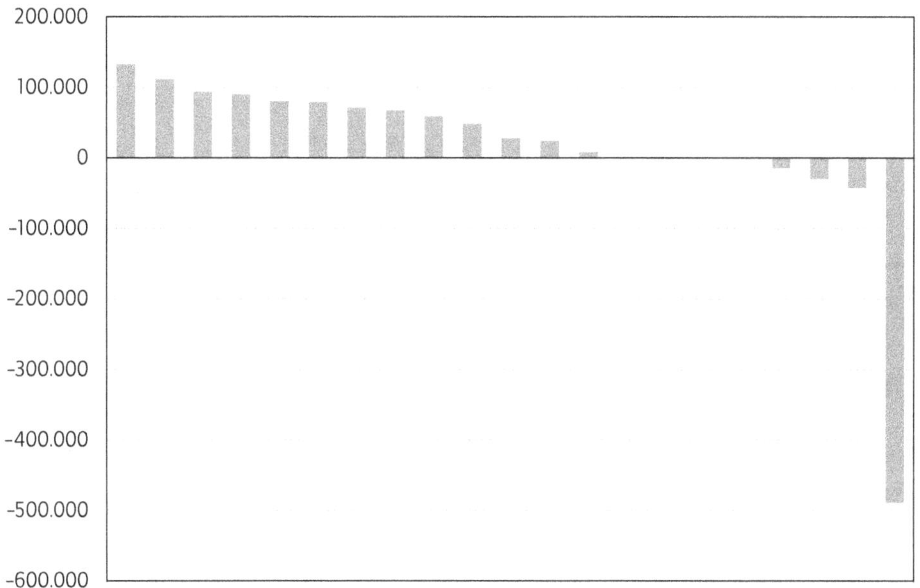

La figura muestra con claridad que los promedios no son representativos. El mundo es no lineal. Y este ejemplo, aunque parezca sorprendente, no es en absoluto una excepción. El promedio es positivo, por lo que se podría concluir livianamente que este es un buen grupo de clientes. Pero resulta evidente en este ejemplo que al analizar el comportamiento de cada cliente, las conclusiones que se obtienen son muy distintas. Trece de ellos generan un EBIT positivo para la empresa, cuatro tienen un EBIT prácticamente cero y los cuatro restantes contribuyen con un EBIT negativo, pero para el último, en particular, el resultado es altamente catastrófico.

Si esto ocurre por simple desconocimiento de la empresa de la realidad de cada uno de sus clientes, debido a la falta de mediciones que le permitan reconocer esta realidad, la situación es imperdonable, porque no podemos ir a ciegas en el mundo informatizado de hoy. Si ocurre por una decisión deliberada de la empresa —por ejemplo, porque esta se encuentra invirtiendo en esos clientes que aparecen contribuyendo negativamente, pensando en su ciclo de vida completo—, entonces el resultado observado es perfectamente entendible. Pero en este caso, el cálculo del promedio no solo es engañoso, sino francamente equivocado, pues no se pueden poner en un mismo saco clientes de tan distinta naturaleza. Esto enfatiza la necesidad de conocer la situación de cada cliente, para tomar las decisiones correctas respecto de cada uno de ellos, porque no resulta tolerable ignorar el estado de su relación con la empresa ni su contribución al crecimiento y la rentabilidad.

En suma, el BDC debe ser "granular" y referirse a cada cliente separadamente, pues de otro modo se pueden producir sorpresas desagradables (ver Recuadro pág. 80 "Las sorpresas que trae un Banco de Datos de Clientes con información granular").

El "espacio en blanco"[22]

El "espacio en blanco" es una medida del potencial de crecimiento y rentabilidad que cada cliente representa para la empresa. La medición del "espacio en blanco" es muy sencilla, pero muy decidora. Es simplemente la diferencia entre lo que vendemos y lo que podríamos vender a cada cliente:

"espacio en blanco" = demanda accesible del cliente – ventas actuales al cliente

Por cierto, un cálculo de este tipo es impensable si no se tiene información detallada de cada cliente disponible en el BDC. Una parte de esta información es simplemente el registro de las ventas a cada uno de ellos. La otra es una estimación de la parte de la demanda total del cliente que es accesible a la empresa. La estrategia de ventas de la empresa se construye de este modo de un cliente a la vez, definiendo prioridades y poniendo los énfasis donde verdaderamente se encuentran las oportunidades de crecimiento.

Segmentación de clientes revisitada

Cuando la información de clientes es granular y por consiguiente se mantiene con un alto nivel de detalle, se puede caer en la trampa de empantanarse, confundirse y perder la apreciación de la realidad completa, porque "los árboles no dejan ver el bosque". Por esta razón es necesario agregar esta información y resumirla en términos de grupos de clientes de una misma o similar naturaleza, para entender sus

---

[22]   Es una traducción directa de su denominación en inglés: *white space.*

LAS SORPRESAS QUE TRAE UN BANCO DE DATOS DE CLIENTES CON INFORMACIÓN GRANULAR
UNA EXPERIENCIA DE ARNOLDO HAX

Una anécdota que puede ser ilustrativa acerca de la importancia de tener banco de datos por cliente me ocurrió cuando hice una asesoría a una de las empresas globales más destacadas del mundo. Uno de sus negocios estaba en la industria química, en la cual los ejecutivos normalmente tienen una mentalidad centrada en el producto, por lo que esta industria presenta una clara tendencia hacia la *comoditización*. Es la realidad imperante.

Cuando empecé mi labor de consultoría, lo primero que hice fue segmentar los negocios y solicitar información individualizada por cliente. No fue fácil, porque no se contaba en esa fecha con un Banco de Datos de Clientes bien establecido, con información granular. No me sorprendió, porque es la situación que he encontrado en numerosas de mis consultorías. Cuando pregunto por este banco de datos, la respuesta es que no existe.

Las sorpresas surgieron al poco tiempo, cuando esta información comenzó a llegar y se produjeron sobresaltos, extrañeza y consternación. Algunas de estas sorpresas fueron tremendamente ingratas y desagradables.

Se puso en evidencia el verdadero desempeño de varios ejecutivos de la empresa y se destruyeron a la pasada ciertos mitos que resultaron insostenibles a la luz de lo aprendido con este análisis. Algunos ejecutivos que se vanagloriaban de sus capacidades, por el alto volumen de sus ventas, descubrieron que en muchos casos sus ventas no eran rentables para la empresa, y por consiguiente su gestión pasó de ser muy alabada a ser muy cuestionada.

Para mí fue una tremenda lección, pues no podía creer que en una empresa tan seria e importante, de tanta envergadura y con tan alto grado de profesionalismo pudiesen ocurrir estas cosas. Allí me convencí de que no tener un Banco de Datos de Clientes granular hace que lo que dominen sean las percepciones, que muchas veces pueden ser tremendamente equivocadas.

necesidades, y así poder ordenarlos y hacerles una propuesta de valor que responda a sus requerimientos y prioridades. Este es precisamente el propósito de la segmentación de clientes, y es tan relevante esta tarea en el proceso de planificación que constituye su punto de partida.

La forma en que comúnmente se hace la segmentación de clientes es más bien subjetiva y responde al conocimiento, experiencia e intuición de los ejecutivos de una empresa. Ellos tienen un conocimiento acumulado de sus clientes, lo que les permite clasificarlos según la relación que han establecido con la empresa en términos, por ejemplo, de los tres vértices del triángulo en el Modelo Delta: "buscador de precios" (en el vértice del Mejor Producto), "socios integrales" (en el de Solución Integral al Cliente) y "estratégico" (en el de Consolidación del Sistema).

Esta es ciertamente una buena forma de segmentar y es muy relevante para la formulación de la estrategia. Es una clasificación de los clientes que va "de arriba hacia abajo". Pero, cuando se dispone de un BDC que contiene información detallada de cada cliente, hay una alternativa de segmentación que va "de abajo hacia arriba". En este caso, los grupos se generan a partir de los datos particulares de cada cliente, tratando de detectar regularidades que indiquen un comportamiento homogéneo de todos los que se clasifican en un mismo grupo. Se consideran para ello las mediciones disponibles de sus características clave, principalmente rentabilidad y crecimiento potencial, pero también muchas otras.

La naturaleza jerárquica de las mediciones

En este capítulo estamos abogando por un BDC con información detallada de los clientes porque resulta imprescindible para hacer estrategia de un cliente a la vez. Pero esto no puede oscurecer el hecho de que para la correcta gestión de una empresa, se necesita información con distintos niveles de agregación.

Normalmente las mediciones tienen una naturaleza jerárquica que queda definida por los distintos focos de atención que empleamos en gestión, principalmente: (1) La empresa como un todo, que es necesario para medir integralmente el desempeño de la organización, (2) los negocios o funciones individuales, que se utiliza en las mediciones diferenciadas de cada área de la empresa, y (3) los centros de responsabilidad (de inversión, de utilidad, de ingresos y de costos), que son el foco relevante de atención cuando el propósito es el desempeño y el control de unidades más circunscritas de la compañía.

La generación de informes para las necesidades de distintos niveles y unidades de la empresa es una tarea relativamente simple si se dispone de la información detallada del BDC, pues corresponde a la simple agregación de datos realizada con criterios apropiados de clasificación y tratamiento de la información.

El Panel de Control

Se ha hecho popular en esta época el uso del *Balanced Scorecard* o Panel de Control Balanceado, como una forma potente de hacer seguimiento y control de la marcha de una empresa. Propone que no es suficiente la perspectiva financiera para medir el desempeño de una compañía, por lo que debe complementarse con otras tres perspectivas, que permiten una evaluación más integral de sus actividades.

La perspectiva financiera se basa en la aplicación de la metodología contable y es la forma en que tradicionalmente se ha medido el resultado de la empresa. La Contabilidad está altamente estandarizada y regulada, por ser una exigencia legal y porque corresponde a una manera de entregar información al público con criterios comunes para todas las empresas. No es sorprendente, entonces, que haya gozado en el pasado y siga gozando hoy de gran popularidad. Pero esta medición tiene enormes limitaciones cuando se la utiliza con un propósito de gestión, porque es unidimensional y constituye un registro histórico de lo que ha ocurrido en el pasado y, por consiguiente, no da luces sobre el futuro de la empresa.

De allí que la propuesta de un Panel de Control Balanceado incorpore tres perspectivas adicionales para complementar la financiera, que tiene una orientación preferente al accionista, y conseguir así una visión más integrada y equilibrada de la marcha de una compañía:

- La perspectiva de procesos de negocio, que se orienta a la medición de los factores críticos de éxito que determinan la eficacia y eficiencia operacional.
- La perspectiva de aprendizaje organizacional, que se orienta a medir las capacidades de aprendizaje y renovación, que apuntan a las expectativas de cambio a futuro.
- La perspectiva del cliente, cuyo foco son las actividades de la empresa en la atención de sus clientes, que incluyen además de la venta, rentabilidad y crecimiento, temas de servicio como la entrega a tiempo, atención de reclamos y otros.

Estas cuatro dimensiones proporcionan una visión más equilibrada de la marcha de la empresa en comparación con una que se restringe exclusivamente a lo financiero. De allí que esta metodología de medición y control se haya popularizado con enorme velocidad.

Cabe también destacar que este Panel de Control se aplica a los distintos niveles jerárquicos, por lo que no hay un solo panel, sino tantos como unidades se quiera controlar. Por cierto, todos ellos están relacionados, porque un panel de negocios es el resultado de la agregación de todos sus centros de responsabilidad, y en el panel corporativo (de la empresa como un todo) se resumen los paneles de todas las unidades de la empresa. En la TABLA 7-1 se presenta a modo de ejemplo el panel del nivel corporativo tipo para una empresa.

TABLA 7-1

Un Panel de Control (*Balanced Scorecard*) Corporativo tipo

PERSPECTIVA FINANCIERA (Orientada al accionista)	PERSPECTIVA DE PROCESOS DE NEGOCIO (Eficacia operacional)	PERSPECTIVA DE APRENDIZAJE ORGANIZACIONAL (Innovación)	PERSPECTIVA DEL CLIENTE (Orientación al cliente)
1. Índices del Mercado de Capitales • Relación Precio-Utilidad • Relación Valor Mercado-Valor Libro • Utilidad por Acción • Rentabilidad del Precio de Acción últimos 12 meses • *Floating* • Precios *target* de los analistas **2. Medición de Rentabilidad** • EBITDA • EBIT • Margen EBITDA • ROA • ROE **3. Riesgo** • Gasto Financiero/EBITDA • Medidas de liquidez y costos asociados (tasa colocación - tasa real obtenida) • Tasa interés Bono Tesoro USA • Clasificación de Riesgo local e Internacional **4. Costo de Capital** • Costo de capital del patrimonio • Costo de la deuda • Costo promedio ponderado de la deuda **5. Medición del Crecimiento** • Crecimiento de Activos • Crecimiento de Utilidades • Crecimiento venta física	**1. Abastecimiento** • Precio materias primas **2. Producción** • % Utilización de Capacidad Productiva + Confiabilidad • Consumo energía por unidad producida • Productividad • Nivel de inventarios de productos y repuestos • Calidad: % de reclamo de clientes (#reclamos/despachos efectivos) **3. Sustentabilidad** • Cero accidentes laborales • Cero accidentes ambientales • Cero accidentes industriales	• Velocidad de incorporación de nuevos productos • Competencia tecnológica • Rentabilidad sobre inversión I+D • Difusión de la cultura de innovación en la empresa • Impacto actividades de innovación sobre costos de operación • Aporte de innovación en nuevos proyectos • Grado Innovación en comparación con la industria. • Retroalimentación interna de las distintas áreas • Innovación de la mano de clientes y empresas complementarias	**1. Estrategia de Clientes** • Crecimiento de Ventas por cliente • Participación de Mercado por cliente • Participación relativa por cliente (ventas/ventas del competidor líder) • Retención del cliente (*bonding*) • Rentabilidad por cliente • Participación del cliente en el desarrollo conjunto de productos • Grado de personalización en la oferta de productos • Potencialidad de "espacios blancos" • Cuantificación actualizada de la propuesta de valor **2. Estrategia de Producto** • Crecimiento de Ventas por producto • Participación de Mercado por producto • Participación relativa por producto • Amplitud de la línea de productos • Cobertura de mercado • Grado de Diferenciación • Grado de éxito en la introducción de nuevos productos • Combinación de productos **3. Estrategia de Servicio** • Tasa de crecimiento del Servicio • Amplitud de los servicios ofrecidos • Grado de personalización del Servicio • Rentabilidad del Servicio • Desempeño del Servicio por cliente

Customer Bonding

Customer bonding es una expresión de difícil traducción que implica el establecimiento de un vínculo que no se limita a un simple intercambio comercial, sino que incluye el afecto y un cierto grado de intimidad.

Conseguir el *customer bonding* se facilita con la rigurosidad y objetividad que trae consigo el BDC, pues permite encontrar una forma más constructiva de relacionarse con el cliente y lograr una asociación con beneficios compartidos tan grandes que va a ser sustentable en el tiempo e, idealmente, se va a prolongar indefinidamente si no hay quiebres de por medio.

Es por todo esto que parece impensable que una empresa no haga un esfuerzo serio para poner en marcha un banco de datos de clientes inteligente y eficaz, pues es un instrumento fundamental para la gestión de atraer, satisfacer y retener al cliente. No hacerlo es jugar el partido a ciegas.

8   Los incentivos. Promoviendo una conducta alineada con la Estrategia

Uno de los principios más antiguos en la gestión de empresas es la recomendación de diseñar sistemas y procedimientos basados en el alineamiento de los objetivos individuales con los objetivos de la empresa. Lo que se busca es la congruencia entre lo que conviene a los empleados y lo que favorece a la empresa, de modo que estos empleados cuando persiguen su propio interés y bienestar personal, estén simultáneamente promoviendo el interés de la empresa.

Este principio está detrás, por ejemplo, de la Gestión por Objetivos, que define anualmente verdaderos contratos para todas las personas de la organización, en los cuales se establecen los objetivos y metas que cada persona debe alcanzar, cuyo logro se determina al término del año y sirve de base para la evaluación individual del desempeño y la definición de incentivos (bonos). También es la base de la popular Teoría del Agente-Principal, que se emplea para regular la relación entre los accionistas de una empresa ("el principal") y el Presidente Ejecutivo en el cual ha delegado la administración de la compañía ("el agente"). Presupone que los ejecutivos van a actuar en su propio beneficio, lo que no necesariamente va a maximizar el valor de la empresa para sus accionistas. Además, la información disponible para cada uno, en cuanto a calidad y cantidad, es muy diferente, por lo que "el principal", para tratar de controlar la conducta de "el agente", define un contrato que se pretende sea exhaustivo y completo, en el que se especifican metas, objetivos y una forma de compensación que persigue alinear los intereses del Presidente Ejecutivo con los de la empresa.

De allí que es necesario profundizar lo que significa "Desempeño e Incentivos" en la Figura 5-2, que se refiere al alineamiento entre las componentes de la gestión estratégica (se reproduce a continuación como Figura 8-1).

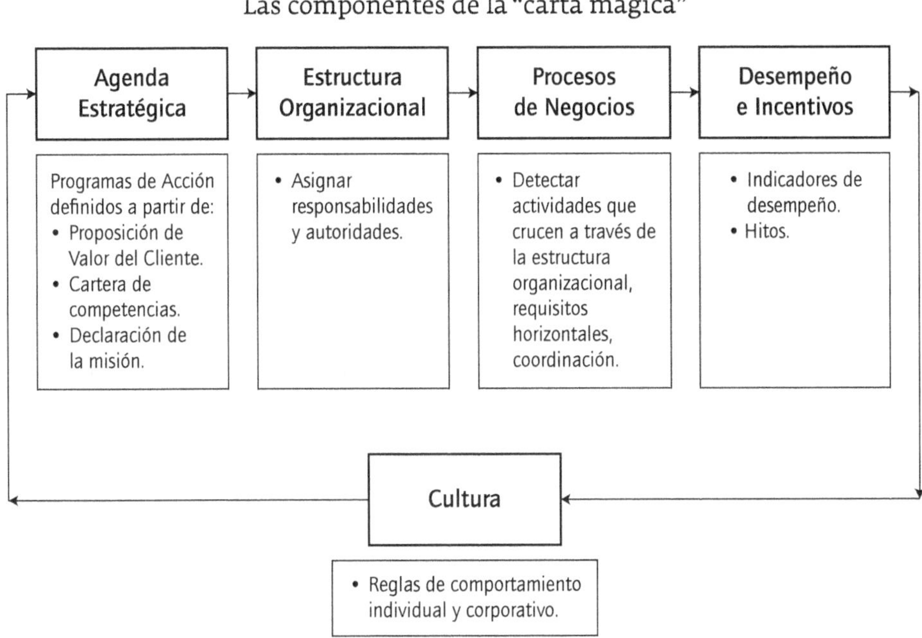

"Dime cómo mides y te diré quién eres"

En la caja "Desempeño e Incentivos" se incluyen tres actividades que influyen de un modo que resulta decisivo en la conducta de los empleados a todo nivel, incluyendo los ejecutivos superiores:

1. La definición y medición de objetivos y metas en la forma de diversos indicadores de desempeño, que es un proceso organizacional por el cual los supervisores y empleados de una empresa negocian sus expectativas sobre lo que es posible alcanzar en un determinado período (típicamente un año).
2. La Evaluación de Desempeño, que es el proceso organizacional de análisis de los logros alcanzados, el cual implica una instancia de diálogo y una oportunidad de interacción individual entre los ejecutivos y cada uno de los empleados, lo que da transparencia a la relación laboral.
3. La determinación de los reconocimientos monetarios y no monetarios que se dan al empleado por los logros alcanzados, en la forma de incentivos, desarrollo futuro de su carrera (o su desvinculación en casos críticos), definición de las necesidades de capacitación y perfeccionamiento, y otras formas de mostrar un genuino aprecio por un trabajo bien hecho, como pueden ser unas simples felicitaciones que reflejen un verdadero sentimiento de admiración y aprecio de

quien las entrega. Tal vez no haya mayor fuente de satisfacción que la sensación de logro personal y el reconocimiento por parte de los ejecutivos superiores de la institución.

Este es un procedimiento poderoso para alinear los objetivos individuales con los de la organización, pues se entregan señales muy contundentes sobre lo que se considera un comportamiento deseable. De este modo, los ejecutivos de una empresa buscan moldear la conducta de sus subalternos en función de los intereses de la compañía, y utilizan este sistema de mediciones y evaluación del desempeño, acoplado con el sistema de recompensas, como una forma potente de comunicar sus expectativas.

Esta señal que se da al empleado le permite a este descifrar y entender la naturaleza y propósito de la institución con la cual se ha comprometido, pues la forma de medir y recompensar los logros revela más fuertemente que ninguna otra consideración el tipo de institución que se busca crear. Esto se va plasmando, en último término, en el ambiente de trabajo y en la cultura y valores de una organización.

"Dime cómo me mides y te diré quién soy"

Una parte de la historia es la comunicación que va de la institución a la persona con los mensajes que los ejecutivos quieren transmitir a sus empleados. La otra es lo que pasa en el mundo interior de la persona, en el que se conjugan los requerimientos de la institución, sus preferencias e intereses personales, y su deseo de ser una persona exitosa, que lo nota porque sus acciones son debidamente apreciadas por la institución a la cual pertenece y porque se le abren oportunidades de progreso personal.

Es por ello que este sistema de mediciones y recompensas influye de un modo determinante en lo que finalmente va a ser la persona dentro de la institución, porque su comportamiento va a tender a modificarse y a alinearse con las mediciones que se emplean y los incentivos que se definen (ver Recuadro "Las diferentes culturas y formas de medir de las escuelas de negocio de MIT y Harvard").

LAS DIFERENTES CULTURAS Y FORMAS DE MEDIR DE LAS ESCUELAS DE NEGOCIO DE MIT Y HARVARD
POR ARNOLDO HAX

He tenido el privilegio de ser profesor de dos de las escuelas de negocio más prestigiosas del mundo: MIT Sloan School of Management (MIT Sloan) y Harvard Business School (HBS).

En un comienzo fui profesor de la HBS y permanecí allí por dos años. La forma en que se nos medía como profesores era por el éxito en docencia y por el número de casos que escribíamos. Nunca antes y nunca después escribí tantos casos en mi vida. Pero lo que me resultó muy difícil de asimilar era el procedimiento de "ranking forzado" que se exigía para calificar a los alumnos de un curso.

Harvard selecciona a sus alumnos de entre los mejores postulantes a Escuelas de Negocio del país. Todos son brillantes y tienen grandes capacidades intelectuales y profesionales, y no resulta extraño que aspiren a alcanzar las más altas calificaciones. No obstante, se nos exigía que en una clase usáramos las siguientes reglas para calificar a estos alumnos: (1) Asignar a lo más al 15% de la clase una calificación de "excelente", (2) Asignar a lo menos al 10% de la clase una calificación "F" (*Fail*, es decir, no aprobación de la materia), y (3) Asignar al resto de los alumnos la calificación "P" (*Pass*), que implica aprobación del curso sin mayores distinciones.

Esto lo justificaba la Escuela con el argumento de que quería evitar "la inflación de las calificaciones", pues se temía que los profesores, en su afán por ser populares entre los alumnos, regalasen copiosamente las calificaciones más altas, lo que llevaría a la Escuela a perder su excelencia.

Esta puede parecer una justificación razonable, pero produce entre los alumnos un comportamiento devastador, que moldea un tipo de cultura que dejó de ser adecuada y placentera para mí.

Invariablemente ocurría que una vez que comunicaba las calificaciones a una clase, todos los alumnos reprobados iban a mi oficina a exigirme que les explicara por qué habían merecido este tipo de calificación, y esta petición me era imposible de satisfacer, porque la respuesta era que, a mi juicio, su desempeño, aunque podría no ser malo, estaba en el decil inferior de su clase y como se debe mantener la confidencialidad del rendimiento de cada alumno, no me era posible documentar mi decisión. Esto creaba una tensión profesor-alumno que a mi juicio era altamente indeseable.

Por otra parte, los alumnos que sabían de la regla del 10% de reprobación tenían entre ellos un comportamiento altamente competitivo, de poca transparencia y colaboración, pues se jugaban su futuro en cada curso.

Después de dos años en HBS, fui invitado a integrarme a MIT Sloan. También recibe a alumnos de excepción, pero no existe restricción para entregar las calificaciones. El resultado es que hay muchas calificaciones "A" (la más alta), porque dada la selectividad que se aplica en el proceso de admisión, los alumnos muestran altos logros al momento de evaluarlos. No es falta de exigencia.

La cultura del lugar es de gran compañerismo y colaboración entre los estudiantes. No es sorprendente. Las reglas de cada Escuela son las que contribuyen a crear la cultura del lugar.

Ni yo como profesor ni los alumnos podemos ser indiferentes frente a las formas de medir, por lo que tuve serios problemas para aceptar la forma de ser en Harvard, lo que terminó por influir determinantemente en mi decisión de dejar la HBS después de tan solo dos años, y fui profundamente feliz por más de cuarenta años en MIT.

Cuidado con las mediciones e incentivos que se definan

Siendo tan importante el impacto que mediciones e incentivos tienen sobre el comportamiento de las personas a todo nivel y la forma en que van delineando la cultura de la organización, hay un gran riesgo cuando su definición genera inadvertidamente conductas que en último término son disfuncionales. Se pensaba que se estaban promoviendo los objetivos de la organización y lo que ocurre es todo lo contrario. Está lleno de ejemplos de "historias de horror" de este tipo (ver Recuadro "Las mediciones e incentivos entre las empresas de componentes y las divisiones automotrices en General Motors").

Por ello, cada vez que se diseña un sistema de mediciones e incentivos, se debe preguntar en todo momento "qué conductas promueve en las personas este tipo de mediciones e incentivos; qué haría yo si me midiesen y recompensasen de esa manera". Todos los estudios y encuestas para dilucidar esta cuestión son insuficientes, por lo que además los sistemas de mediciones e incentivos deben estar en permanente revisión y ajuste, a fin de corregir prontamente su diseño cuando se detecta que está entregando señales equivocadas.

LAS MEDICIONES E INCENTIVOS ENTRE LAS EMPRESAS DE COMPONENTES Y LAS DIVISIONES AUTOMOTRICES EN GENERAL MOTORS
POR ARNOLDO HAX

Han pasado muchos años y aún no dejo de sorprenderme de la relación que existía en General Motors (GM) entre las divisiones de componentes (como Delco Remy, Delco Electronics y Packard Electric) y las divisiones automotrices (que habían subido de cinco a seis con la adición de Saturn a las tradicionales Cadillac, Buick, Pontiac, Oldsmobile y Chevrolet).

Me tocó conocerla porque al Sloan Fellows, un programa de perfeccionamiento ejecutivo de gran visibilidad e importancia ofrecido por MIT Sloan, que me tocó presidir por un tiempo largo, llega un conjunto muy seleccionado de personas con más de diez años de experiencia, que han sido enviadas por sus empresas por el potencial que tienen de ocupar en un futuro cercano los puestos más altos en sus respectivas instituciones. Allí tuve la oportunidad de conocer con bastante detalle las prácticas de gestión de GM, en particular las fórmulas que esta compañía utilizaba para incentivar a sus ejecutivos.

Son varias las razones que se conjugaron para transformar el sistema de medición e incentivos en una trampa para la empresa.

1. Los sueldos de los ejecutivos se componían de un sueldo base, competitivo con el resto de la industria, y de un bono de fin de año que podía llegar a ser el 300% del sueldo base. Resultaba clave, entonces, cumplir con los indicadores de desempeño que se utilizaban para acceder al bono, pues este contribuía de un modo que resultaba altamente relevante al monto total de la remuneración anual.

2. La medida de desempeño era fundamentalmente el ROA (rentabilidad sobre los activos), que es una fracción que tiene en su numerador las utilidades de la división y en su denominador los activos totales.

3. Las divisiones automotrices tenían que abastecerse para sus necesidades de producción desde las divisiones de componentes, las que a su vez les entregaban a estas toda su producción.

4. La pregunta era cómo medir las utilidades cuando las empresas fabricantes de componentes no tenían un cliente externo y por consiguiente legítimamente no generaban ninguna utilidad. Al darse la relación entre divisiones

de componentes y divisiones automotrices en un mercado cerrado, sin referencias de precio externas, la fijación del precio de transferencia era crucial en la determinación de la utilidad de estas divisiones. Si el precio fijado aumentaba la utilidad en las divisiones de componentes, lo hacía a costa de reducirla en las divisiones automotrices, y viceversa.

5. La decisión fue fijar un sistema "cost plus", que implica utilizar como precio de transferencia el costo de producción, más un margen de utilidades.

6. Los incentivos se determinaban a partir de un ranking de ROA. La división con mayor ROA recibía el bono mayor.

Los resultados de este proceso fueron nefastos:

1. No había ningún incentivo en las divisiones de componentes a ser más eficientes, pues mientras mayor era el costo, mayor su utilidad. La definición de precios de transferencia no puede hacerse ignorando los precios de mercado y los incentivos a la eficiencia, pues de otro modo se generan comportamientos inconvenientes.

2. Había un claro desincentivo hacia la inversión, porque una de las formas de aumentar el ROA es reduciendo los activos y esto se favorece con una menor inversión. Esto puede tener un lado positivo, pues se pone atención en la depuración de activos, eliminando aquellos que no son realmente necesarios para la producción, pero también implica un freno a iniciativas que aun siendo muy centrales para la producción, requieren de inversiones adicionales, sobre todo cuando un ejecutivo tiene un horizonte limitado en la empresa antes de su retiro.

3. Como la comparación de ROA se hacía con las divisiones dentro del mismo GM, se creaba una gran rivalidad. El adversario al que se debía derrotar no era Toyota, Ford o cualquier otro competidor real, sino las divisiones internas, lo que producía una tensión enorme en las relaciones entre ellas.

No es sorprendente que en la actualidad ya no exista esta situación. En 1994 GM vendió Delco Remy a un grupo de inversionistas privados y separó el resto de las divisiones de componentes en 1999, formando la que es hoy Delphi Corporation. La reestructuración profunda que estas empresas necesitaban no resultaba posible mientras siguieran siendo parte de GM.

Para interpretar el resultado de un indicador se requiere un patrón de referencia: los *benchmarks*

Las mediciones requieren de un patrón de referencia para interpretarlas correctamente. Es decir, el logro se mide en relación con una meta (que normalmente se incluye en los presupuestos y en la Gestión por Objetivos) y con otros valores que se utilizan como base de comparación.

La evolución histórica de los indicadores es una buena fuente de información, pues se detecta el avance o retroceso que se está experimentando, pero no muestra con claridad la necesidad de cambio. La comparación con los competidores es otra referencia muy utilizada, pero tiene un riesgo que no debiera ignorarse, pues se puede caer en la trampa, por lo demás bastante difundida, de la imitación, que lleva a la mediocridad y la *comoditización*. Cuando todas las empresas son iguales, no existe la excelencia.

Por ello la recomendación es hacer una evaluación exigente, usando para ello patrones de referencia demandantes que permitan a la empresa separarse del promedio y alcanzar así un auténtico liderazgo.

La clave del éxito. La conducción del Presidente Ejecutivo

La conducción del proceso de planificación es una responsabilidad principal del Presidente Ejecutivo (PE). El éxito de cualquier esfuerzo de formulación de una estrategia depende de un modo fundamental del rol que asume el PE. En el Capítulo 1 ya presentamos su participación en el proceso formal de planificación y las distintas opciones de diseño que enfrenta. También comentamos los diferentes estilos que pueden caracterizar su accionar.

La presencia e influencia del PE en el esfuerzo para formular e implementar la estrategia resultan determinantes. El Presidente Ejecutivo le imprime a la organización una dinámica que fluye de su visión, su personalidad y de la forma que tiene de hacer las cosas. Por ello, no hay decisión más central y significativa que la selección del ejecutivo superior, la que recae en el Directorio de una empresa. Si la única decisión que tomase este cuerpo superior de gobierno fuese la selección y remoción del Presidente Ejecutivo, su influencia en la marcha de la empresa sería enorme, pues no hay ninguna decisión que tenga un mayor grado de significación que esta para definir lo que la empresa es y debería ser.

En este capítulo nos referimos al rol del PE como inspirador y líder intelectual de todo el proceso de gestión estratégica, en el que se integran la formulación de la estrategia, su incorporación en los procesos y sistemas de la empresa[23], y la dirección de la compañía en el día a día con un sentido de propósito.

Son grandes los anhelos puestos en el líder. De él se espera que tenga sensibilidad, determinación y ética. Estas son las claves de un liderazgo ejercido con sensatez. Pero el líder no puede pretender hacerlo todo. No es un superhombre o una supermujer

---

[23] En el capítulo 5 introdujimos la "carta mágica" como una herramienta poderosa para alcanzar este propósito y en el capítulo 8 agregamos el sistema de compensaciones e incentivos.

que todo lo sabe y todo lo puede. Por el contrario, tiene conciencia de que es un "líder incompleto" que necesita un equipo competente y de confianza. No se puede entender a un líder sin su equipo. Y, aunque parezca paradójico, al actuar de esta manera, el líder aparece como más cercano, pues muestra que tiene la humildad, sabiduría y entereza de recurrir a quienes pueden apoyarlo. Todos entienden que lo importante es salir adelante con lo que se han propuesto.

La sensibilidad del líder[24]

Un buen líder para nuestro tiempo sabe leer el contexto y tiene una clara percepción de "la circunstancia" en que se desenvuelve su actividad.

Tiene visión estratégica

Detecta anticipadamente las tendencias del entorno, antes que otras personas; sabe descifrar los signos de los tiempos y entender hacia dónde debiera ir la organización; y se anticipa a los cambios que deben ocurrir antes que sea demasiado tarde.

Pero tal vez lo más relevante es el sentido de propósito y la motivación que surgen de hacer algo que realmente haga mejor la vida de millones de personas, que se refleja tan bien en la famosa frase de Steve Jobs "Quiero hacer una muesca en el universo" (*"I want to make a dent in the universe"*). Son personas capaces de crear un futuro que para otros pasa inadvertido y les cambian a las personas la forma de vivir y relacionarse, y a las empresas la manera de hacer gestión y conducir sus negocios.

Tiene sensibilidad política

Se da cuenta del impacto de sus acciones y decisiones sobre audiencias externas e internas, y sabe actuar de acuerdo con las circunstancias. Todas las acciones del gerente se interpretan. No puede evitar el estar siempre enviando mensajes. Un líder debe tener conciencia de las señales que está enviando. Es extremadamente difícil administrar la lectura que se da a las acciones y palabras de un alto ejecutivo, porque distintas audiencias no van a entender lo mismo y van a sentirse afectadas de una manera diferente. Por esto, un líder necesita desarrollar una sensibilidad extrema en

---

[24]   Algunas ideas de esta parte y las siguientes están adaptadas del libro de Nicolás Majluf, "Los Desafíos de la Gestión: De lo formal a lo sutil", El Mercurio-Aguilar, 2011; y de Boris Groysberg and Michael Slind, "Leadership Is a Conversation: How to improve employee engagement and alignment in today's flatter, more networked organizations", Harvard Business Review, June 2012.

esta materia. Pierde la libertad de "hablar en borrador", "pensar en voz alta", "especular con sus subordinados".

Sabe cómo manejar el poder

Cuenta con una vasta red de relaciones y alianzas tanto con las personas que pueden potenciar sus puntos de vista como con quienes pueden afectar directa o indirectamente a la empresa con su accionar. Entiende el efecto simbólico de sus acciones y decisiones, identifica con claridad a las personas y grupos favorecidos y perjudicados por sus actos, conoce la magia de las palabras, establece ceremonias y tradiciones de gran impacto, presta atención al manejo de las situaciones, y se apoya en la estructura organizacional como herramienta de gran fuerza comunicacional. Tiene un profundo conocimiento de las personas y de la vida organizacional, lo que le permite influir, buscar compromisos, negociar, transar, como formas de ejercer su influencia, sin tener que llegar a la imposición.

Se maneja políticamente y arbitra en los conflictos

Evita las definiciones de política y tomas de posición innecesarias que puedan restringir las opciones futuras de la empresa, al establecer derechos adquiridos y resistencias, dificultando con ello la adaptación de la misma ante una nueva situación del entorno.

Por otra parte, es inevitable que surjan conflictos entre distintos individuos y unidades, al interior y exterior de la empresa. El Presidente Ejecutivo debe negociar con las partes, servir de árbitro y mediador, y llegar a una solución.

Maneja la información

La posición privilegiada del Presidente Ejecutivo en una empresa le permite manejar una gran cantidad de información que puede utilizar para apoyar sus planteamientos.

Tiene habilidades sociales

Está en sintonía con sus colaboradores y con todas las personas con las que debe interactuar. Ejerce el liderazgo conversando. Sabe crear un ambiente cercano, de intimidad y confianza. Dar órdenes resulta contraproducente. La relación interpersonal es la clave para conseguir empleados con un alto nivel de compromiso y sólidamente alineados con la estrategia de la organización, en un mundo que es menos jerárquico y más interconectado.

Por ello promueve el diálogo y la participación. La comunicación debe ser CON los empleados y no A los empleados. Si un jefe habla con sus empleados, los hace sentirse colaboradores; si habla a sus empleados, los hace sentirse subordinados. Y esto es central para tener un buen proceso de planificación. Los empleados pueden contribuir con su conocimiento y es sabio aprovecharlo. Además se consigue así el compromiso emocional de las personas que participan y su total entrega. Las personas se sienten parte de una aventura que ellos han contribuido a crear y entienden perfectamente su significado, y además saben cómo contar la historia que están ayudando a construir.

Estamos acostumbrados a instituciones jerárquicas en las cuales los líderes parecen ser los únicos que piensan, dan contenido a las ideas y controlan los mensajes a las audiencias internas y externas. En el mundo de hoy esto es contraproducente. Los líderes no controlan las redes sociales, y en ellas se juega todos los días el prestigio de la empresa y de los propios líderes.

Todo ese esfuerzo se orienta al establecimiento de una estrategia de la empresa cuya lógica se entiende y entusiasma, y de una agenda, objetivos y metas ampliamente compartidos. Todos en la organización deben conocer el proyecto de la empresa y su posicionamiento competitivo, y tienen que ser capaces de conversar sobre lo que la empresa es y pretende hacer. Así se le da orden y significado a la conversación, aunque haya habido largas digresiones, y se dispone de una agenda clara que informa y guía todas las conversaciones y el actuar de las personas. Al final, no olvidemos que "consenso es 60% de acuerdo y 100% de compromiso".

ASUME LA RESPONSABILIDAD POR LAS COMUNICACIONES. ES EL REPRESENTANTE DE LA EMPRESA ANTE AUDIENCIAS EXTERNAS E INTERNAS

Los ejecutivos superiores deben saber hablar bien y su forma de comunicar debe ser transparente. Un plan estratégico debe ser contado a todas las audiencias externas e internas relevantes como una buena historia, con mil voces distintas, para que al menos una de esas voces se entienda sin problemas. Cuando la historia interpela con fuerza y convicción, ejecutivos y trabajadores le encuentran sentido a su trabajo. Además, lo que se comunica ha de ser siempre la verdad. No basta con que la historia sea internamente coherente, sino que quienes la escuchen perciban con claridad que el que la cuenta se la cree, la hace suya, se juega por ella.

La exigencia de comunicarse con las audiencias externas relevantes es tan fuerte como la necesidad de comunicarse con las audiencias internas de la empresa. Es preciso contar la historia primeramente a los analistas que siguen a la empresa, para que puedan hacer su evaluación de la marcha de la compañía y sus proyecciones futuras. También hay que comunicarse con los proveedores y clientes. Pero allí no termina su responsabilidad. Las empresas quieren ser reconocidas como buenos ciudadanos.

La determinación del líder

Un buen líder sabe cómo actuar y llevar adelante su determinación.

ES UN EXPERTO EN SU TEMA

Cuenta con un amplio repertorio de propuestas para materializar su iniciativa, su conocimiento es profundo y puede ver el problema como una unidad, sin necesidad de pasar por el desmenuzamiento que exige el método científico. Su visión es integral y procesa la información en forma automática, sin esfuerzo, recurriendo al conocimiento acumulado. El procesamiento de la información es expedito, las decisiones son rápidas y la acción inmediata, y no resulta fácil cambiar la determinación frente a nuevos antecedentes, porque está fundada en un conocimiento que no se ve, como la base de un iceberg, que muda con lentitud.

SE ORIENTA A LA ACCIÓN

Esto es lo que expresamos en el capítulo 5. La estrategia no puede quedarse en expresiones generales que no llevan a la acción. La Agenda Estratégica es concreta, bien definida, con las responsabilidades claramente asignadas, y además está inserta en la organización, sus procesos y sistemas de gestión.

SABE DAR FORMA AL AMBIENTE DE TRABAJO

La responsabilidad principal de un ejecutivo no se limita a hacer cosas, sino a crear el ambiente para que ellas ocurran. Tiene que atraer, contratar y retener al personal adecuado; también formar equipos efectivos, que permitan abordar con múltiples perspectivas los desafíos y distintos intereses al interior de la empresa.

La Gestión Estratégica se refiere a este tema. El manejo de la empresa debe hacer consistente la acción de cada día con el proyecto de largo plazo, utilizando para ello todos los mecanismos de gestión. El Presidente Ejecutivo y su equipo deben ser capaces de definir tareas, programar actividades, entregar responsabilidades, asignar presupuestos, coordinar esfuerzos y controlar la correcta ejecución, en la medida de lo posible.

Hay que manejar el día a día, pero sin perder de vista el propósito central de la organización. No obstante, esto no significa involucrarse personalmente en todas las actividades operacionales de la empresa. Ello produciría un tremendo frenazo. El Presidente Ejecutivo debe poner en el centro de su atención la definición de sistemas, procesos y metas que permitan el funcionamiento cotidiano de la organización entregando gran autonomía a personas y unidades de la empresa, pero dándole un mismo sentido a su accionar.

La ética del líder

El liderazgo debe ejercerse dentro de un marco rigurosamente ético. En primer lugar, porque es lo que corresponde hacer, pero también porque la enorme visibilidad que tiene el líder de una organización hace que se lo considere como un modelo a seguir. Y nuestro comportamiento no siempre es el más adecuado. Nuestra debilidad como seres humanos trae consigo que a menudo no seamos capaces de vivir de acuerdo con las exigencias éticas del cargo que ocupamos. Esto históricamente ha sido causa de gran dolor en las organizaciones y es sin duda una circunstancia extremadamente grave. Y hoy esta dificultad es aún más seria, pues con la emergencia de un periodismo punzante y redes sociales que expanden las noticias a gran velocidad y sin limitaciones, un comportamiento inadecuado o insuficiente impacta profundamente a toda la organización y en vez de conseguir la adhesión y entusiasmo de la gente, se produce su sorpresa, se enfría su entusiasmo y se los pierde como colaboradores. Incluso empresas grandes y prestigiosas han desaparecido por esta causa.

El liderazgo de nuestro tiempo exige más que nunca antes un liderazgo ético. A un líder se lo conoce no solo por lo que dice, sino más bien por la consistencia entre sus acciones y declaraciones a lo largo del tiempo. Su principal activo como persona va a ser su credibilidad y la confianza que públicos relevantes externos e internos depositen en él.

El equipo directivo superior: Las exigencias de alineamiento con la cultura y la estrategia

Si decíamos que la decisión más importante de un directorio es elegir al Presidente Ejecutivo, por las mismas razones la decisión más importante de un Presidente Ejecutivo es elegir a sus colaboradores directos, que forman parte del equipo directivo superior.

Y las exigencias son las mismas que para el líder: personas competentes, con sensibilidad, determinación y ética. Pero hay un tema que no ha sido explícitamente referido antes y que es de la mayor importancia. También se necesita un equipo alineado con la cultura y estrategia de la empresa que ellos mismos han ayudado a definir e implementar.

Es tan grande la relevancia que deben darle los ejecutivos de una empresa a su alineamiento con su cultura y estrategia, que pueden ser despedidos aunque tengan resultados estelares. No basta cumplir con los números. Este es precisamente el mensaje más llamativo de la popular matriz que utilizaba Jack Welch en la evaluación del desempeño de sus ejecutivos (FIGURA 9-1).

FIGURA 9-1

Evaluación del desempeño de ejecutivos: La matriz de Jack Welch

<table>
<tr>
<td rowspan="2">COMPETENCIAS EN LA EJECUCIÓN</td>
<td>Altas</td>
<td>III
Autocrático</td>
<td>IV
Ejecutivo estrella</td>
</tr>
<tr>
<td>Bajas</td>
<td>I
Irrelevante</td>
<td>II
Buena persona.
Desempeño mediocre</td>
</tr>
<tr>
<td></td>
<td></td>
<td>Bajo</td>
<td>Alto</td>
</tr>
<tr>
<td></td>
<td colspan="3">ALINEAMIENTO CON LA CULTURA Y ESTRATEGIA</td>
</tr>
</table>

De las cuatro categorías en la matriz, las decisiones son inmediatas en dos de ellas, porque no hay duda sobre lo que es adecuado hacer.

- En el cuadrante I se ubica un ejecutivo que no está alineado con la cultura de la empresa y no logra los números, por lo que es una persona "irrelevante" para la empresa que debe dejar la compañía sin discusión. Se considera este paso de mutuo beneficio, porque esta persona no encaja en la empresa y sus talentos pueden ser de mucho valor en otra institución.
- En el cuadrante IV se ubican los ejecutivos "estrella", que se alinean con la cultura y logran un alto desempeño. Tienen tremendas potencialidades y hay que darle todo el espacio para que se desarrollen en la forma más adecuada posible.

En los otros dos cuadrantes, las decisiones son más difíciles

- En el cuadrante II, el ejecutivo es una "buena persona", pero de "desempeño mediocre". La cuestión es cuánta paciencia se debe tener con un ejecutivo así. Lo recomendable es trasladarlo de su lugar de trabajo actual, en el cual no ha podido desarrollarse, y asignarlo a una nueva responsabilidad en la cual no arrastra una historia de desempeño mediocre. Si no logra desempeños de acuerdo con lo esperado en esta segunda oportunidad, simplemente hay que dar por terminada su permanencia en la empresa.

- La decisión sobre el ejecutivo en el cuadrante III es la más difícil de todas. Es un ejecutivo que cumple brillantemente con los números, pero su estilo es "autocrático" y privilegia su propio beneficio por sobre el de la empresa, lo cual es contrario a la cultura. Son frecuentemente ejecutivos abusivos del tipo "besitos para arriba/patadas para abajo" (*"KuKd: Kiss up/Kick down"*). Este tipo de conducta no resulta aceptable, por lo que se les exige modificarla. Si esto no ocurre, deben ser despedidos con gran visibilidad, para comunicar con fuerza a toda la empresa que tales comportamientos no son tolerables. Es un acto simbólico de enorme significado en la cultura de la organización. No tener criterios de evaluación de los ejecutivos puede perpetuar formas de comportamientos que resultan inaceptables.

Siendo tan grande la responsabilidad por la evaluación de los ejecutivos de una empresa, esta debe ser asumida por el Presidente Ejecutivo y su equipo directivo superior. No es esta una responsabilidad que pueda ser tomada por la Gerencia de Personas u otra unidad de apoyo, pues en el proceso de evaluación de ejecutivos se va configurando el tipo de institución que se quiere formar.

Para concluir

Un gerente efectivo se reconoce porque la gente quiere irse a trabajar con él. Atrae a los mejores talentos de las universidades y de otras empresas. Propone un proyecto atractivo y motiva a su gente. Les paga bien. Pero más importante todavía es el hecho de que desarrolla su autoestima, les infunde optimismo, compromete a las personas y diseña un espacio de trabajo que permite su desarrollo. Así las personas encuentran un sentido en sus labores cotidianas. Mejor aún, encuentran un sentido a su vida a través del trabajo.

El buen gerente consigue que la gente esté contenta y la respuesta de esa gente y su forma de actuar hacen que a la empresa le vaya bien.

10 La centralidad del cambio en Estrategia y la importancia de la experimentación

Al llegar a esta última lección, hay una constante que parece cruzar todo lo que dice relación con estrategia: el cambio. Si todo el esfuerzo de planificación estuviese orientado a perfeccionar lo que ya se sabe hacer, no estaríamos haciendo estrategia, sino optimizando las operaciones. Y no es que esto tenga algo reprobable; por el contrario, siempre la empresa debe desplegar sus mejores esfuerzos para buscar la excelencia en lo que hace; pero eso no alcanza para llegar a una estrategia que rompa con el pasado e implique la creación de un mundo nuevo de oportunidades.

La planificación estratégica busca separarse del pasado, abrir discontinuidades, crear una diferenciación respecto de lo que están haciendo los competidores, pues, como lo hemos dicho ya varias veces, la imitación conduce a la *comoditización*. La estrategia no puede limitarse a una simple extrapolación del pasado o a una copia de los competidores. Por ello, el resultado de una planificación estratégica bien concebida produce un cambio disruptivo. Es un resultado inevitable. Si no se obtiene, el proceso no puede calificarse de exitoso.

De hecho, hemos definido la Misión como el cambio que debe operarse en las competencias de la empresa, y en la relación con el cliente y con los otros actores de la Empresa Extendida. Esta es la forma de abrir oportunidades que antes no existían. La Agenda Estratégica no es más que la expresión de este cambio en términos de Programas de Acción coherentes con la estructura, los procesos, las mediciones e incentivos, y la cultura.

También hemos dicho que la estrategia debe anticiparse y responder a las tendencias del entorno o, más todavía, debe redefinir ese entorno, lo cual implica una forma de gestión en que el cambio es masivo e inevitable. En un mundo de cambio, todo lo que hagamos debe estar sujeto a revisión.

Eso lo formuló de un modo muy expresivo Jack Welch cuando asumía la Presidencia Ejecutiva de General Electric (GE) a comienzos de 1981, una de las empresas más exitosas y admiradas del mundo. Sucedía a Reginald Jones, un ejecutivo legendario, que había estado varias veces entre los más admirados por sus pares en los rankings de la revista Fortune. GE era un lujo de empresa y, sin embargo, Jack Welch se propuso transformarla radicalmente. No eligió el *statu quo*, aunque GE era (y es) una empresa exitosa. Por el contrario, planteó que "lo que ha sido la clave del éxito en los 70 es una manera de marcar el paso en los 80 y un boleto para el cementerio en los 90". Al fin de su período en 2001, tras 20 años de transformación, GE había pasado de ser una empresa concentrada 75% en productos y 25% en servicios, a otra en que las proporciones se dieron vuelta: 25% en productos y 75% en servicios. Su valor se multiplicó por varias veces. Su sucesor, Jeffrey Inmelt, ha asumido el desafío de la transformación de la empresa en estos tiempos de mercados más volátiles y difíciles.

A veces se dice que el éxito es el peor enemigo del cambio, porque si todo va bien, ¿por qué cambiar? Si no hay crisis en el horizonte, ¿por qué preocuparse? Pero esta es la trampa en que suelen caer las empresas. Lo contrario es lo que debe hacerse: cuando todo va bien, es el momento de cambiar, porque el riesgo es mucho menor. Por ello, cuando no hay una crisis que obligue a renovarse, se debe considerar crear una para evitar que las personas se asienten en la comodidad de la situación presente.

Estrategia es, entonces, cambio, y es también riesgo, porque aunque los cambios son estrictamente necesarios, su adopción en la empresa acarrea grandes riesgos de dos tipos principalmente.

Primer riesgo: Preservación con reformulación

El vértigo del cambio y el entusiasmo de lo nuevo pueden hacer olvidar que en las instituciones hay una riqueza que se acumula en su tradición y cultura, y que define su esencia. El cambio no puede hacerse pasando a llevar "el tesoro" que se ha acumulado en el corazón de la institución. En una orden religiosa, como los benedictinos, no puede alterarse la orden de San Benito. En una empresa como Johnson y Johnson, cambiar el Credo legado por su fundador son palabras mayores.

Hay una clara exigencia de "preservación". Pero si la estrategia es cambio, hay también una nítida necesidad de "reformulación". Esta paradoja de "preservación con reformulación" se explica porque "preservación" define el ser esencial de la empresa, mientras que "reformulación" es el modo de responder a los desafíos y oportunidades del tiempo presente. La estrategia, entonces, debe estar anclada en los valores de la empresa y distinguir entre lo transitorio y lo permanente, lo cambiante y lo duradero, lo susceptible de modificación y aquello que no está sujeto a ningún tipo de transacción y cambio.

Toda gran institución tiene profundas raíces que definen la esencia de lo que ella ha sido y seguirá siendo. Debemos ser conscientes y respetuosos de lo que es inamovible y no transable. Pero, al mismo tiempo, hay que abrir las ventanas del cambio con acciones que la empresa puede generar con su quehacer, como supieron hacerlo recientemente, de un modo que resulta impresionante, Steve Jobs (Apple) y Jeff Bezos (Amazon), y anteriormente Bill Gates (Microsoft), solo para dar ejemplos muy visibles.

Son grandes los desafíos del cambio, pero es imprescindible abordarlos con presteza y apertura de mente. No hacerlo implica que la institución se va a quedar anclada en un pasado que puede haber sido glorioso, pero que ya no es, y que en último término la va a llevar a transitar el camino de la irrelevancia.

Segundo riesgo: El valor de la experimentación (el cambio debe hacerse con cautela)

El cambio nos conduce a territorios que no son familiares. Cuando se altera masivamente la situación prevaleciente en una institución o empresa, proponiendo una constelación de desafíos en áreas como nuevos productos y servicios, nuevas coberturas geográficas, nuevos canales de distribución, nuevos clientes y nuevas formas de relación con ellos, por mencionar solo algunas de las aristas de un cambio típico de estrategia, no se cuenta con modelos que permitan predecir el impacto final de esta transformación. Son muchas y muy complejas las interacciones entre todas estas variables, por lo que no se puede anticipar el efecto de cambiarlas simultáneamente.

Esto implica que debemos ser extremadamente cuidadosos en la búsqueda de alternativas de acción ante la presencia de impactos desconocidos por nosotros, para evitar así cometer errores por la inexperiencia de operar en condiciones inéditas. No hacerlo sería irresponsable, porque estaríamos asumiendo riesgos muy altos, y muy probablemente, por desconocimiento, emprenderíamos acciones peligrosas y de beneficios inciertos.

Tenemos entonces un dilema, porque aunque queremos cambiar, apresurarse en la implementación de este cambio puede producir resultados de cuestionable valor. No es, por consiguiente, prudente embarcarse en un cambio masivo, capaz de implementar toda una plétora de modificaciones, en una especie de *"big-bang"* (aunque a veces la empresa no tiene más opción que avanzar haciendo una gran apuesta que, de resultar mal, la podría debilitar enormemente). Los riesgos son muy grandes y las consecuencias podrían ser muy costosas.

La respuesta a este dilema está en la experimentación. Lo recomendable es utilizar una aproximación gradual al cambio, definiendo cuidadosamente un Plan Piloto acotado y bien controlado, para aprender por experimentación y poder medir las consecuencias antes de extender la implementación de la estrategia a toda la organización.

Además, puede que no se haya definido una sola alternativa a implementar, sino que se estén considerando simultáneamente varias opciones que necesitan ser evaluadas, para elegir posteriormente la que resulte más apropiada. La experimentación es una herramienta extraordinaria de aprendizaje que elimina o disminuye la posibilidad de caer en errores debido a la novedad que estos cambios producen y la consecuente inseguridad generada (ver Recuadro "Experimentación en el BCI").

EXPERIMENTACIÓN EN EL BCI
POR ARNOLDO HAX

Hace algunos años, mientras me desempeñaba como consultor del proceso de formulación de la estrategia del BCI, el tercer banco más importante de Chile, uno de los puntos que surgieron fue la necesidad de ofrecer al segmento de pequeñas y medianas empresas (PYME) un paquete de productos adaptados a sus necesidades. Las PYME representan, en todos los países del mundo, una fracción muy grande del total de las empresas, dan empleo a cerca de tres cuartos de la fuerza de trabajo y tienen tremendas potencialidades de crecimiento. Por ello son un segmento que necesita una atención especial.

El banco tenía una amplia cartera de productos para atender sus necesidades, pero de algún modo esto no era suficiente, porque no se enfocaba con claridad a las necesidades de las PYME. Era como la carta de un restaurante en la cual estaban todas las opciones, pero cada PYME debía elegir por su cuenta.

Por ello decidimos que era conveniente tener una cartera de productos focalizada a las necesidades de las PYME, pero no había un claro consenso en cuáles eran estas necesidades. Así, en vez de pasar largas jornadas haciendo un análisis en el aire, decidimos convocar a un conjunto importante de dueños de PYME y preguntarles. El resultado fue impresionante. Los ejecutivos del BCI identificaron cuál era el conjunto más conveniente de productos y servicios que podrían ofrecerles en el área financiera y diseñaron diversas alternativas que eran a la vez plausibles y bien focalizadas en las necesidades de las PYME.

La prueba de todas ellas permitió transformar rápidamente la oferta amplia pero difusa en programas muy concretos, bien focalizados y de gran relevancia. Y la sorpresa fue que lo que más se valoraba por parte de la PYME era no solo la ayuda de naturaleza financiera, sino, muy importantemente, el apoyo en su gestión, pues las PYME en Chile necesitan avanzar mucho aún por el camino de la profesionalización. Esto no era posible anticiparlo por el simple expediente de debatir alternativas sin recurrir a la experimentación.

El diseño del Plan Piloto

Son dos los temas a los que nos queremos referir. Por un lado, la definición de las alternativas de diseño que se quiere probar. Para ello lo recomendable es contar con un "plan base", y las "variaciones del plan", con el objeto de definir en forma clara el ámbito de soluciones que se quiere incluir en la experimentación. Los resultados de la prueba deben permitir seleccionar las más deseables de las variaciones posibles, tanto desde el punto de vista del cliente como de los procesos y sistemas de la empresa.

El otro punto es la selección de los clientes que se invitará a participar en el Plan Piloto. Debe ser un número pequeño de clientes muy próximos, que mantengan un alto grado de intimidad y lealtad con la empresa, a los cuales se puede abordar con absoluto candor, pedirles su colaboración y participarles los propósitos de cambio y las nuevas propuestas de valor que se desea probar, las que están orientadas a ser una mejor solución que produzca beneficios compartidos. Con ellos se puede llevar adelante uno o varios planes piloto, que permitan probar los méritos de las propuestas iniciales, detectar su validez y ajustar su diseño en función de los resultados de la experiencia. Ellos no solo son parte de una prueba, sino que también tienen una participación relevante en el diseño de la solución.

Y si el experimento está bien diseñado, se puede ampliar el ámbito de la exploración con el cliente, para tratar de anticiparse también al diseño de transformaciones más profundas que podrían introducirse a futuro.

Al tomar en cuenta el punto de vista del cliente en el diseño de las alternativas que finalmente se van a implementar, se minimiza el riesgo de una reacción adversa, lo que sería contraproducente en una organización que basa su ventaja en la mantención de relaciones altamente constructivas con sus clientes.

Comentario al cierre

Al comenzar este libro dijimos que queríamos compartir diez lecciones en estrategia que para nosotros han sido tremendamente relevantes. La lista apunta a temas esenciales, que nos ha tomado un tiempo largo destilar. No hemos tenido la pretensión de ser exhaustivos. Seguro que hay temas importantes que no hemos incluido en la lista, como la incorporación de la Responsabilidad Social en la estrategia de la empresa, que hoy es de la máxima prioridad. Pero ello nos obligaría a complejizar esta presentación y se perderían los claros focos de atención en las diez lecciones:

- El proceso
- La Empresa Extendida
- Las competencias
- La Misión
- La Agenda Estratégica y la "carta mágica"
- El *front-end* y el *back-end*
- El Banco de Datos de Clientes
- Los incentivos
- La conducción del Presidente Ejecutivo
- El cambio y la experimentación

El conjunto es ciertamente impactante. En primer lugar, porque apunta a conceptos y métodos que consideramos cruciales para una formulación disciplinada y rigurosa de una estrategia que implique un cambio disruptivo y no una simple prolongación del *statu quo*. Pero, también, porque hace posible una implementación eficaz que incorpora a todos los grandes actores de la Empresa Extendida y se resume en la declaración de la Misión y la definición de una clara Agenda Estratégica orientada a la acción. Por último, porque no implica asumir imprudentemente los riesgos inherentes a una estrategia de cambio, ya que se promueve la experimentación en el contexto controlado de un plan piloto por sobre una transformación radical tipo *"big-bang"*, cuando esto es posible.

Además, las diez lecciones están profundamente interrelacionadas, pues constituyen la base de la Gestión Estratégica, que permite que las acciones y decisiones en el día a día tengan un sentido de largo plazo. La interrelación se resume con gran fuerza en la "carta mágica", que surge del alineamiento de estrategia, estructura, proceso, desempeño, incentivos y cultura, y en la consistencia del *front-end* con el *back-end*.

La otra lección importante es no jugar el partido a ciegas, lo cual requiere contar con datos para hacer gestión basada en la evidencia, y no en la pura intuición o, lo que sería aún más grave, en la aplicación de procesos y rutinas organizacionales del pasado que hoy ya no tienen sentido.

Por último, se releva el rol que le corresponde al Presidente Ejecutivo como conductor del proceso. Si no se cuenta con su compromiso decidido, es mejor no embarcarse en un proceso de planificación estratégica. Él es el "arquitecto de la visión" y el que le da forma a los contextos externo e interno en que opera la empresa: es el responsable final de las negociaciones con los distintos actores de la Empresa Extendida, y es quien selecciona al equipo directivo y asigna directa o indirectamente responsabilidades a cada uno de los participantes clave de la empresa.

Estas diez lecciones están inspiradas fundamentalmente en metodologías de Gestión Estratégica que hemos desarrollado y documentado en libros anteriores. En este periplo, hemos querido ir mostrando ejemplos que han surgido de nuestra propia práctica y experiencia, tanto profesional como académica.

Refinar las ideas que hemos expuesto no ha sido fácil y nos ha llevado un largo tiempo. Por esto tenemos la esperanza de que el lector de este breve libro pueda encontrar en ellas una fuente de inspiración para avanzar en el conocimiento de los temas de gestión y asumir sus responsabilidades de forma un poco mejor.

Hace más de treinta años Arnoldo Hax y Nicolás Majluf comenzaron una intensa colaboración académica en temas de Gestión Estratégica que hasta hoy ha influido en un gran número de empresas en Chile y el mundo que han aplicado con éxito sus conceptos tendientes a mejorar los procesos de gestión. Este libro recoge su trabajo profesional y académico y recapitula las enseñanzas que ambos autores consideran esenciales para la formulación e implementación de la estrategia.

Las diez "lecciones" que aquí se presentan son profundamente relevantes para afrontar los desafíos que enfrentan las compañías en el mundo de hoy, caracterizado por una alta complejidad y competitividad en todos los rubros y negocios.

Dicen los autores:

Si bien puede parecer pretensioso mostrar nuestro trabajo en la forma de "lecciones de estrategia", este esfuerzo representa para nosotros un desafío intelectual que presentamos con humildad para que sea aprovechado por ejecutivos de instituciones y empresas, y estudiosos de los temas de gestión, en especial profesores y alumnos. No son fórmulas mágicas, pero creemos que pueden ayudar efectivamente a mejorar los resultados de las empresas a todo nivel.

EDICIONES UC